纵横精华

师道

传道授业解惑
立身启智育人

刘未鸣　刘　剑　主编

中国文史出版社

《纵横精华》编辑委员会

主　编：刘未鸣　刘　剑

执行主编：金　硕

编　委：全秋生　孙　裕
　　　　李军政　胡福星

目 录

晚清端方与我国近代文化教育

承宁　沈林

端方（1861—1911）满姓托忒克氏，字午桥，满洲正白旗人，号陶斋，居直隶丰润（今河北省丰润县）。光绪八年（1882 年）时，由荫生考中举人，入仕从政，因参与百日维新活动，在变法失败后险遭重处。

时人指端方为北京旗下三才子之一，对于盲目滥杀"洋人"的"义和拳"，他也有清醒的认识。端方在陕西护理巡抚任上曾严厉劝诫军民说："尔等须知谣传之说，万不可恃；恍惚之术，万不可恃！……兵祸之烈，万不可肇；昭理君子，从今绝口不谈，安分良民，亦复束身自爱。……士农工商各安各业。"他认为"拳民练习身技，不畏枪炮，乃是呓语，绝不可信。而与国为敌者，在边海入犯之洋兵，不在内地寄居之教士"，当接有圣旨允许杀戮外人，端方反而示饬要一概保护，还致函教士说"一日有我，即一日无事"。为此引起一些将领、官员说他"抗旨不遵"，拳民也撰揭帖说"端不端，方不方，八月十五杀端方"。由于端方严禁聚徒拜师、借端起衅，防止滥杀教士、教民，所以陕西虽然也发生了三起杀人放火的教案，但全省普遍平静无事。慈禧、光绪由京一路惊恐西逃，他们与随行诸大臣到达陕西行宫，了解到这里虽然曾遭受旱灾，但政治、社会均较平静安全，可以在西安驻守下来处理多项紧急国务，君臣也都理解并肯定了端方明智而富胆识的政治才能，这为端方此后获得清廷诸大臣的支持，慈禧对他的不断提拔、重用，开启信任的大门。光绪三十一年（1905 年），端方与张之洞等奏请清廷废科举、广兴学堂。同年 7 月 16 日，清廷发布派五大臣出国考察宪政上谕，表明求治之殷切。载泽、尚其亨、李盛铎前往日、英、法、比利时；戴鸿慈、端方前往美、德、奥匈、俄、意，分两路踏上学政行程。1906 年夏，五大臣返国，8 月 26 日载泽上奏《奏请宣布立宪密折》，同一日，端方上奏《请定国是以安大计折》，要求积极脱离专制政体，"取任人而不任法者，一变为任法而不任人"，施行宪政下的依法治国。端方所编《欧美政治要义》一书，后世认为此乃中国立宪运动的重要著作。作为晚清出洋考察宪政的五大臣之一，他认为"东西各国之富强莫非发源于教育"，由此其任职所到之处都留下了他兴学办教的贡献。

创办幼儿园

端方认为强国之道"以兴学为急"，他认识到教育要从幼小着手，光绪二十九年（1903 年）9 月，他在武昌寻常小学创立了中国第一所学前教育机构，1904 年正式命名为武昌蒙养院。当时蒙养院初创，师资奇缺，教师（那时称为保姆）多从日本聘请。武昌蒙养院请有三位日本保姆，还由户野美知惠兼任湖北省立幼稚园园长。招收适龄儿童共 80 名，学制一年，每天课业三小时，学习谈话、行仪、游戏、乐歌、读方、数方、手技七项。服装、图书、物品由院方提供，但不负责伙食，凡符合条件者全部免费。1905 年，端方在湖南巡抚任内又创办湖南第一所湖南蒙养院，委任冯开濬为院长，聘请日本人春山雪子、佐藤操子为保姆，招收 4～6 岁的儿童。

"蒙养"二字为中国的传统说法，"蒙以养正"是重视人生的正本慎始，当幼儿智慧启蒙之际，就施以正面诱导，开发其智慧，树立其良好的习性，促使孩童将来成才。

1903 年，清政府颁行癸卯学制，把蒙养院作为国家基础教育的一段。同年又颁布了《奏定蒙养院章程及家庭教育法章程》，对蒙养院做出了一系列具体规定。

该院所设七门课程的内容与目的：

1. 谈话，分修身话和事物话。前者谈"做人之道，须浅而有趣，如孔融让梨、孝经故事；后者由教师简单讲解生活中接触到的事和物的名词和意义，如：好、坏、水、火、狗、鸡等，令孩子自然有所感悟"。

2. 行仪，选择有趣的或正确的行为动作让孩子们模仿。

3. 读方，用单张画片识字。

4. 数方，学习认数和加减。

5. 手技，通过堆积木、拼版、纸织、纸折、纸剪、缝取、画方，锻炼儿童思维与手工能力。

6. 乐歌，如伴以歌舞可培养美感、滋养性情，若配合体操既健体又训练节奏效应。蒙养院对乐歌极为重视，称"化育之宗也"，"凡立学堂不设乐歌，是为有教无育"。

7. 游戏，分个人自由玩耍和众儿童合同游戏，促使童心愉快活泼，养成儿童爱众乐群的协作精神。

1907 年长沙另一间私立周氏家塾幼儿园设立，上述两个幼儿园于辛亥革命后停办。1912 年，湖南官立蒙养院更名为省立第一女子师范附属幼稚园，在长沙古稻田重建。

创博物馆和动物园之先河

端方一生爱好古玩和艺术品收藏，他收藏面较广，诸如青铜器、金石、字画、碑帖、古印、古砖、湘绣等兼收并蓄。其收藏之广、研究之深颇受文物界瞩目。他陆续著有《陶斋吉金录》和补充的续录，还著有《陶斋藏石记》。端方藏石中，有汉代按日照测定时间的测景日晷、延熹土圭、天监井和涌金井井栏，墓志如皇甫麟、司马景和，古碑如《曹真碑》《休碑》。与他共同参与整理拓印研究的有当时的知名学者况周颐、李明经和龚锡龄等人。龚锡龄记有"所录碑文一点半画悉依原字模拟"，"良宵雅坐，时亦商榷，是非稽合同异……喘汗相属，盖公政事之余，勤勤著述概如此尔"，如实表述了当时的情景。所著《陶斋藏砖记》两卷中收入的皆为汉代罪人墓地砖铭，共 117 块。据此考证，墓志铭汉代就有了，否定了认为墓志铭起源于颜延之说，也批驳了顾亭林的源于南朝之说。每砖均附有考释文字，对砖文的书刻，端氏论证了古文字的演变，可见用功之深。

在出洋考察期间，他还收集了古埃及的文物，著有《泰西各国金币拓本》。端方被推认为私家藏石著录碑文的第一人。其所收之古碑、残经，大都为前所未见、未曾著录者，史料意义重大。

北京和平门外琉璃厂原属元明时期海王村，清康乾时这里成为京城古籍典章文物市场，多代鼎盛，1917 年曾改建海王村公园。园中有一座楼，端方为了与爱好金石碑刻的人便于交流切磋，同时向大众展示文化知识，曾在此楼办了"端氏博物馆"。这间私人博物馆较张謇在南通办的博物苑为早，应该是中国第一座博物馆了。

1907 年，清政府将皇家三贝子花园改为农事试验场，向公众开放，时任两江总督兼南洋通商大臣的端方建议在此园东部增设动物园，并由他负责向德国购进数十类 130 多只野生动物和禽鸟，增加国人对多种动物的直感和认识。笔者幼小时就读北平市二龙路小学，每当儿童节由老师带领前往此园游玩，同学们常在大象、狮、虎、长颈鹿、猴子等大小动物前流连停步，比看植物、花草开心得多。为满足游人的喜好和需要，农业试验场地大都被动物占领，现在北京动物园规模品种已属全国之最。

发展华侨教育　开办暨南大学

端方从欧洲归国，途经南洋了解侨情和商务，受到当地华侨商人和华侨学校师生的列队欢迎。端方对当时华侨寄人篱下的命运深表同情，也感受到海外华侨的爱国之情。端方关心华侨子弟的教育问题，"知华侨教育之不可缓"，因之召见各埠华侨"劝其就地兴办学堂，培养子弟，并诫其勿染外洋习气"。清政府重视华侨教育的一项重要举措是多次派官员赴南洋调查学务，并在师资和资金上给予帮助。1906 年，学部特派前随五大臣出国考察宪政的参赞官钱恂为南洋学查委员，派学部专门司行走董鸿炜为陪同成员。钱、董二人于 1906 年秋抵达爪哇，了解到当地虽创办了不少学堂，但由于师资和教材均感不足，教学质量也不尽如人意，华侨父老仍有送子弟回国读书的愿望。钱恂当即向学部申报，还致电两江总督端方，请他主持办学。端方赞同钱、董之议，即奏请朝廷：建议设立学堂，而且"自当官备食宿、妥为照料"，"嗣后南洋各岛及檀香山、旧金山等地侨民，如有愿送子弟来宁就学者，并当一律收取，以宏教泽而系侨情"。清廷准其所奏，于是端方委派江南提学使陈伯陶负责此事，由两江总督府学务处任职的郑洪年参与侨生接待工作。此后，郑洪年曾两度主持暨南校政，一任暨南学堂首任堂长（庶务长）和国立暨南大学第一任校长，是我国著名的华侨教育家。陈伯陶建议用

"暨南"做校名，"暨南"一词源自《尚书·禹贡》："朔南暨，声教讫于四海"，寓意为：中华的优良道德风尚和文化，可教育、辐射、传播到四面八方。1904 年，清政府任命的考察外埠商务大臣兼南洋学务大臣张振勋（新加坡著名华侨商人）到达槟榔屿后，发动当地华侨绅商创设中华学校，也曾赠光绪皇帝御题的"声教暨南"的匾额及《古今图书集成》一套。而端方平日笃嗜金石、书画、古文，对此名与办校宗旨及生源特点均相符，也避免用"华侨""侨生"等词以致产生隔阂或疑虑，所以欣然同意选定此名。经过筹备，校址定于南京薛家巷（今汉口路）妙相庵，该地址居南京城中央，鼓楼之南，唱经楼之北，诚为得天独厚之学府。端方指定每年从江海关税中筹拨 5000 两作为日常开销，列入计划。随着生源的增加、学堂规模的拓展和改制为中学，日用支出建设费用增多，端方奏请朝廷说，回国就学的学生原籍大多是福建、广东两省，所以他建议学校经费增加，并由闽海关和粤海关分担一部分。在他的主持下，因为经费充足、建设校舍、添置仪器设备、增加学生，暨南学堂的水平与规模更加提高发展了。

1903 年 3 月 23 日，暨南学堂正式开学，首批侨生 21 人，为纪念这一重要时刻，端方与 21 名侨生及全校教职工合影，端方坐在正中。暨南学堂创办后，端方继续关心学校的发展，身体力行，不时轻车简从来校视察，促使学堂摸索一套针对侨生的教育管理办法。侨生一般年龄仅十三四岁，远离父母且生长在海外，在语言、风俗习惯、知识水平、宗教信仰等诸多方面有一时难以适应之处。端方有针对性地采取了一些措施。其一，精选师资，为延聘人才煞费苦心，教师大都为饱学之士，其中有举人、秀才，也有留日、留德归国的教师，保证了教育的质量与水平。其二，因材施教，按侨生各自的特点与水平，编不同班组补习或授课，侨生多体健活泼、爱好运动，学校专设篮球场、足球场、秋千、铁环等运动设施，以利其身心全面发展。其三，生活上关怀备至，规定对侨生学费、食宿费一概豁免，对患病者免费治疗，另发有冬夏两季制服。端方在南京马路上乘车遇到侨生时，经常停车邀请他们上车同行。他告诉侨生，如毕业时成绩优秀，将予重奖或官费出国留学。他十分注重侨生与家庭和学校三者间的关系与沟通。其四，严格管理，除上课外，对自修及宿舍均按规章要求检查。

端方要求依中华传统文化对侨生进行修身养性方面的教育，陶冶其情操，组织课外活动，如练习书画、开展足篮球校际比赛，组织游览名胜古迹，练习诗词，增加历史知识。由于学堂逐步正规化，教学颇有成效，在海外华侨中产生了积极影响，多埠闻风而起，很多愿选取汉语合格的学生送宁就学。至宣统元年（1909 年）6 月，学生已增加到 167人，因经费所限，端方奏请朝廷将学校规模限定为 500 名，足额不再增收，学校仍分中学与高小两级。辛亥革命爆发前，除了一小部分转入陆军学堂以及其他学堂外，在校学生共有 240 人，大多数来自荷属东印度、英属马来半岛、檀香山、旧金山等处。

端方调离两江总督时，赠送每位学生端方肖像一帧。端方创设暨南学堂，确立华侨政策，教育华侨青年，足令后人追思。

回忆我的曾祖父

——著名教育家吴雷川先生

———
沈晓丹

我的曾祖父吴雷川先生，著名教育家，前清翰林，浙江大学的奠基人和燕京大学首任华人校长。在近现代大学教育史上，他被誉为"影响力堪比北京大学校长蔡元培"式的人物。

教育思想之形成

吴雷川（1871—1944），祖籍浙江杭州钱塘县。小时候随其祖父在徐州上私塾，私塾的教学方式是吴雷川不喜欢的，但靠自己的聪敏与勤学，还是从中学到了丰富的中国历史知识及儒家思想，并在诗词、书法、八股文写作等方面成绩优异，奠定了良好的国学基础。16 岁时，回原籍参加县试，考取秀才第一名。19 岁时，随父亲到了江苏清江浦（今属淮安市）。此地是南北水陆交通要冲，名人雅士颇多，又恰逢清廷开始引入西方文化，于是，吴雷川有机会在青年时代即博览中外新书，

吴雷川（1871—1944）

从中深受教益。这种学习经历为其考上举人、进士、翰林奠下基础。

在家庭生活方面，因从小生活于大家庭中，人多口杂，母亲便教他待人要和气，要忍耐，要主动做些家务琐事。而童年的他也很懂事，每月200文的零用钱常用不到一半，就将剩余的交回母亲手中用于补贴家庭开支。这样的家庭环境使他从小养成朴素节俭的习惯，并受到儒家仁厚、爱民思想的教诲和刻苦上进的鞭策。

正是这种成长经历，奠定了吴雷川选择潜移默化、言传身教、自治自觉的育人方针，并在中西哲学思想的指引下升华为：以仁爱之心培养学生的健全人格，以开放之态提高师生的济世救国能力——这个教育理念贯穿了他的整个人生与事业。

秉承着这种教育理念，在浙江大学和燕京大学任教的25年时间里，他不仅培养造就出一批优秀学者、志士仁人及政界名流，而且支持聘用了一批推动新文化事业的专家教授，为推动社会的进步和发展做出了自己的贡献。例如，邵力子（1882—1967，国共和谈代表，后任全国人大常委）、邵飘萍（1886—1926，曾创办过一些进步新闻刊物、机构，后被奉系军阀杀害）、蒋梦麟（1886—1964，曾任浙江大学、北京大学校长，国民政府教育部长、行政院秘书长）、邵元冲（1890—1936，曾任孙中山大元帅府机要秘书）、陈布雷（1890—1948，曾任一些刊物主编，后任蒋介石侍从室主任）、钱玄同（1887—1939，新文化运动猛将，著名科学家钱三强的父亲，曾任北大、燕大教授，北师大国文系主任）、郭绍虞（1893—1984，接吴雷川兼任的燕大国文系主任，后任同济大学法学院院长、复旦大学中文系主任）、许地山（1893—1941，文学家，与瞿秋白、沈雁冰一同创办进步杂志与社团）、钱穆（1895—1990，自学成才，任燕大国文系教师，后成为著名史学家、台湾中央研究院院士，著名科学家钱伟长的四叔）、郑振铎（1898—1958，曾任北大、燕大教授，新中国文物局局长）、冰心（1900—1999，著名作家、燕大国文系教授）、吴文藻（1901—1985，社会学家，曾任燕大法学院院长、中央民族学院教授、民进中央常委、全国政协委员），他们都曾亲身领受吴雷川的培养和帮助，深感吴雷川育人不拘一格，对吴雷川的治学宏博精深及其人格魅力与情操感受颇深。

担任浙江大学校长

浙江大学的前身是"求是书院"，1897 年创建，是中国人最早自办的四所近代高等学校之一，1905 年改称"浙江高等学堂"。吴雷川于1906 年至 1910 年间出任该校校长。

出任浙江高等学堂校长后，吴雷川一扫以前办学的积弊，强调校长、老师、学生之间的感情相孚，而不拘泥于形式上的严格管理，使全校融于一种和谐的氛围之中。除此之外，他还强调学生自治，鼓励学生参加社会活动，以提高学生的组织能力和追求真理的精神。据陈布雷回忆说，他在浙江高等学堂不仅感受管理带来的良好校风，而且那种求实

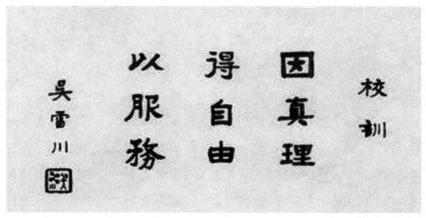

《校训》——吴雷川手书

的学风，使他和邵飘萍、邵元冲在青年时期就树立起革新观念，接受并信仰了孙中山先生的革命思想。

吴雷川担任校长期间，自 1908 年起，浙江高等学堂按正规大学要求开始设文理两科，招收大学预科和高中学生入学。必修课程为 12 门，英文为文理科第一外语，法文、德文分列文理科第二外语。文理两科通习人伦道德、经学大义、中国文学、兵器、体操。文科另开设历史、地理、伦理学、法学、理财学；理科另开设算学（已讲至微积分）、物理、化学、地质与矿物、绘图；此外，学生还可自选课程。1909 年，学校开始招收女生。至 1910 年，浙江高等学堂已成为初具文理高等学院构架的新型大学。

吴雷川深知，办好新型大学的关键是要下功夫寻找、培养大师，所以他在聘请教师方面十分下功夫：理科课程主要聘请国外教授与赴美留学的毕业生任教，文科除请国内专家学者外，还专门聘请了了解世界形势的海外学者。例如，经济学教师邵裴子（1884—1968）是赴美留学生，是当时世界著名经济学家凡勃伦（Veblen）的弟子，1910 年成为吴雷川的主要助手——教务长，1912 年元月，28 岁的邵裴子接任校长。其后，蔡元培、马叙伦、蒋梦麟、胡适、苏步青、贝时璋、顾功叙等国内著名学者，均参与了该校的科研和教学。这些都为浙江大学打下了坚实的师资基础。

除了学业上的教育，在培养学生的思想德行方面，吴雷川也身体力行，以身作则，展现了中国老一辈知识分子的高风亮节。1907 年，苏杭甬铁路修筑时，杭州学界率先发起抵制英国借款控股的运动，吴雷川大力支持浙江高等学堂学生参加此次活动。浙江高等学堂的学子们积极联络全省各校学生，成立了"浙江学校联合拒款会"。学生们上街下乡，宣传浙江自控股苏杭甬铁路的意义，号召大家节衣缩食，集款认股。杭城高校学生维护路权的行动得到全省民众的普遍响应和支持，最后浙江各界认购股票共 2300 万元，此数额两倍于英国借款额。通过此事，不仅激励了杭州学界的爱国热情，而且进一步使社会各界认清了清朝统治者的腐败、卖国，为绍兴起义和辛亥革命打下了思想基础，推动了 1911 年辛亥革命在浙江全省的迅速响应。

燕京大学首任华人校长

燕京大学始建于 1919 年，是第一所向中国政府注册的教会大学，1926 年秋迁入新址，即今天的北京海淀区"燕园"（现北京大学校址）。吴雷川 1929 年至 1934 年间担任燕大校长。

其实，在正式担任校长之前，吴雷川在燕京大学 1919 年合并原四所教会学校成立时，就参与了其中的工作，做出不少贡献。吴老于 1926 年担任副校长（1929 年起担任校长）后，更为"燕大的中国化"不懈努力，燕京大学的章程、办学目的、校训等均出自吴雷川之手。在将燕大规划经营成一个环境优美、中西合璧、设施齐全的新型校园方面，吴

吴雷川（左五）与同仁合影

雷川也起了很大的作用。燕大中西合璧的设计理念，就源于吴雷川倡导的中国式的审美观。后来竺可桢在任浙大校长期间主持修建浙东分校时，又找吴老就学校的规划蓝图征询意见，吴老像当年对待燕京大学一样，认真提出了自己的想法和建议。当时他已年近七旬，精力与笔力均大不如前，但为了中国大学的发展，他不辞辛劳，秉笔直书，将对中国教育的一腔热情倾注在了封封信函中（这些珍贵的信函现存浙江师范大学图书馆）。

在燕京大学，吴雷川继续秉承"办好新型大学就要广揽人才、培育大师"的理念，为燕大招募与培养了一批大师级人物。大批海外归来的博士与国外专家的到来，使燕京大学当时的师资力量堪称国内一流，国际上也不可小视。1928 年"赫尔基金会"支持建立的"哈佛燕京学社"，就是哈佛大学与燕京大学合作的一个研究机构，在其支持下，《燕京学报》成为中国学术性论文的重要阵地。此时，吴雷川亲自兼任国文系主任，迎来了燕大国文系的鼎盛时期，鲁迅、胡适、闻一多、朱自清都曾来校讲学或任课，当时著名文史权威专家钱玄同、周作人、沈尹默、沈士远、马鉴、郭绍虞、容庚、郑振铎、许地山、谢冰心、顾颉刚、顾随、俞平伯、陆侃如、郑骞等均被聘任。燕大成为中国文史研究的中心和中西文化交流的枢纽。

在担任燕大校长期间，他还实现了燕大办学理念的两个重要转变。一是倡导民主、团结、向上的新型校风，制定了"因真理得自由以服务"的校训，树立科学民主、反对腐败落后的燕京精神。二是改早期教会学校以培养传教士为目的的宗旨为培养服务社会的人才为宗旨，具体措施有：摆脱完全受美国教会控制的状态，形成相对独立的局面；向中国教育主管部门登记；废除宗教学为全体学生的必修课；强调燕京大学是以沟通中西文化、培养人才为目的的研究型教育机构。

他不仅广揽人才，实施新的教育理念，而且还把这种创新、求实的精神体现在自身的教育实践中。他在兼任国文系主任时，博采众长，形成其办国文系的三个特点：一是古典文学与现代文学并重且相得益彰；二是基础课与选修课双荣并茂；三是东方文化与西方文化互补融合。他治学创新求实并传为佳话的还有：从学生需要出发开"应用文"课；亲自讲"大一国文"并成为传统……此外，他还倡导青年人要为中国的进步、强盛做实事，并亲自调研分析社会时弊，指出当时挽救中国最重要的，一是推进经济改革以改善民生，二是从民众教育入手，实现由下向上的改革。根据这些思考，吴雷川十分认真、系统地评价了国民党前期的改革方略，指出中国当时的急务是要使人人有必需的物质生活条件，这就需要人人注意节约，服从并维护社会的公律。他从一位实践的教育家转变成为一位民本主义十足的社会主义者，并已踏足到社会主义的大门口。

在国家民族面临生死存亡的关键时刻，吴雷川凭借自己在教育界的威望和影响，在挽救民族危机方面，更是展现了老一辈中国传统知识分子的风骨和美德。

1931年"九一八"事变后，吴雷川多次带头发起为抗日捐款的活动，并担任燕京大学抗日组织负责人。1937年卢沟桥事变后，北平的国立大学相继南迁，燕京大学因为是美国基督教会募捐创办，仍得以暂留在海淀燕园继续开学。这段时间为便于应付日本侵略者，吴雷川决定由校务长司徒雷登取代其校长身份，以便维持燕京大学的安全。1941年美日太平洋战争爆发后，日军占领燕京大学，卖身媚事日寇、成立华北伪政权的大汉奸王克敏久慕吴雷川的为人，想借重青年学生对吴老的景仰笼络人心，欲请吴老出任伪职，遭吴老严词拒绝。为避日伪尘嚣搅扰，吴老先是闭门谢客，后来干脆搬出燕园，蛰居城中。

六次"辞官"

吴雷川一生中最为独特的经历之一，就是"辞官"。据家人回忆，大概有六次之多。

第一次辞官是考上进士之后，他曾被安排任县长，但因立志"人生应当为社会切实做点事"，在现实中又碰到徇私与秉公的两难，他不想开营私枉法之端，故而辞官。第二次是被安排到新成立的江北高等学堂任校长后，为尽孝道，不久辞官。第三次是辛亥革命后被公推为杭州市民政长（相当于今市长），在选录僚属时，多方徇请难合，由此感到官场之中真为民之志士罕，逐私利之争斗繁，实非其所堪应付，遂再次决定辞官。第四次即1926年为支持鲁迅先生的爱国行动，在教育部辞去参事（相当今司局级）之职。第五次辞官是因担任燕大校长，辞去教育部次长之职。当时，燕大完成初建准备发展时，出现了生存危机（教会大学主要经费是外国人赞助，北伐后国民政府令各级教会学校应以国人为校长，于是全国教会学校中93%的外籍教师回国）。这时吴雷川以他在中国教育界的威望和美方承认的基督教理论家的优势，发挥独特的作用，最终运用"各自表述"的方法，实现了中国人出任校长（chancel-lor），维护了民族尊严（美方出任校务长，即 president，仍可掌经济实权）。司徒雷登亲赴南京邀请吴雷川任燕京大学第一任华人校长，吴老因此辞去了教育部次长之职（任此职 9 个月）。之后燕大转危为安，为日后 20 多年的长足发展奠定了基础。最后一次，即抗日战争初期，为保留燕京大学继续在北平办学，吴雷川辞去燕大校长职务，由美方代表应付日本侵略者（此时美日尚未宣战）。辞去校长后，他仍专心教学研究，并相继完成了几本专著。

回顾这些辞官经历可以看出，吴雷川终生以教育事业为追求与精神寄托，他的性格始终坚守着忠厚正直、刚正不阿、重在务实、淡泊名利的特点。

淡泊的君子

原全国人大副委员长、燕京大学社会系学生雷洁琼先生 1988 年 11 月为《燕大文史资料》建校 70 周年特辑而撰的"序"中写道：

燕京大学是在我国伟大的"五 四"运动时代创办的，具有光荣的革命传统。燕大爱国师生为拯救祖国和民族的危亡，献身民族、民主解放运动，为我国革命事业，创立新中国作出了贡献。燕京大学是一所培育社会服务人才、沟通中西文化、促进国际学术交流的高等学校，它聚集了当时一些著名的中、外专家学者，如吴雷川、陆志韦、洪煨莲、顾颉刚、郑振铎、马鉴、容庚、邓之诚、郭绍虞、许地山、吴文藻、谢玉铭、埃德加·斯诺（Edgar Snow）、夏仁德（Randolphc C. Sailer）、赖朴吾（E. R. Lapwood）、高厚德（Howard Golt）、班维廉（Willam Band）等。它培育了一批又一批学有专长的人才，如谢冰心、黄华、陈翰伯、韩叙、周南、龚澎、韩素音、萧乾、严东生、沈元、侯祥麟、谭文瑞等，为我国文化教育、外交、新闻和科学的发展作出了卓越的贡献。

在雷洁琼先生心目中，吴雷川得以在当时中外专家学者云集的燕大排名第一，不仅因为吴老是该校的首任华人校长，而且吴老本身的学识与人品也得到中外专家学者的首肯。吴雷川学生辛斥（1913—1988，原名陈新桂，曾任民盟中央张澜主席的秘书，参加了迎接上海解放的工作和全国政协筹备工作）在所撰《敬悼吴雷川先生》一文中评价说："雷川先生的道德文章，久已为国内士林乃至国外人士所熟悉。我觉得他最值得我后辈学子景仰和效法的，是他追求真理的进取精神和他丰富诚挚的情感，以及高风亮节的人格。"

著名作家冰心女士在 1988 年 10 月 21 日清晨写的回忆文章《追忆吴雷川校长》中写道："1926 年我从美国学成归来，在母校燕京大学任教时，初次拜识了吴雷川校长。他本任当时的教育部次长，因为南京教育部有令国内各级教会学校应以国人为校长，经燕大校董会决议，聘请吴老为燕大校长。吴老温蔼慈祥，衣履朴素，走起路来，也是那样地端凝而从容。"此文还记录了冰心夫妇准备去云南大学任教时，吴雷川于 1938 年 6 月赠予他们的一幅书法（录的是清词人潘博的一首《金缕曲》与临别赠言）。冰心老人于 20 世纪 80 年代将这幅字迹装裱后挂在北京家中的客厅里，并评价"吴老的书法是馆阁体，方正端凝，字如其人，至今我仰瞻挂在客厅墙上的这幅字迹，总觉得老人的慈颜就在眼前，往事并不如烟！"

吴雷川 1912 年应蔡元培之邀北上，到民国政府教育部先后任佥事、参事、常务次长，从事教育行政 15 年。其间鲁迅、钱学森的父亲钱均夫等多位浙江文化名人来该部。吴雷川以诚信立德为信仰、以仁爱育才为事业、以务实报国为终身追求的人格与情操，感染和影响了一批中国优秀的社会科学与自然科学的著名专家学者。他在北京定居 30 多年，与鲁迅、钱三强的父亲钱玄同、钱学森的父亲钱均夫、钱伟长的四叔钱穆等江浙文人交往颇密，叶企孙、严东生、陈岱孙、钱俊瑞等晚辈学子（后来分别成为著名物理学家、化学家和经济学家）也上门讨教。钱玄同为儿子起名"三强"即源于吴雷川要求青年学生德、智、体三方面均要强的含义。特别是与鲁迅先生的友谊：鲁迅 1925 年因支持学生爱国行动被教育部长章士钊免去佥事，后不久吴雷川亦辞去参事；鲁迅留学日本时站在以孙中山为代表的革命派一边，辛亥革命后回国到 1926 年为躲避反动当局通缉而南下上海期间，与吴雷川交谊颇深，仅《鲁迅全集》中就记载约 20 次，如参加吴雷川兄长、夫人的追悼活动，为吴雷川建基督教阅览室捐款，代吴雷川购书等。

作为吴雷川的家人，这位先祖留给我最深的印象，就是忠厚正直、廉洁奉公、淡泊名利。吴雷川一生，无论当教授还是任校长，均能做到廉洁奉公、不染时弊。他在南京辞去教育部次长后，教育部按规定给他加寄去一年薪俸，他全数退回。他在燕京大学全体师生心目中一直是最受敬仰的敦厚长者，生活俭朴是十分重要的原因。据资料记载，他在担任校长期间从未支取过全薪，专任教授后也往往只领一半左右的工资（余款均进入"吴雷川奖学金"），住房不及一般教授，多次婉谢校方为他修葺的美意。在人们的记忆中，他秋冬之季总是身着一件洗得褪色的旧夹长袍，外罩一件旧呢大衣，戴一顶脱色的礼帽，以一种整洁朴素的仪表和矍铄端庄的神采显示出中国老一辈知识分子的风骨。他本人虽然生活节俭，可对亲友和学生中经济困难之人却总能慷慨解囊。正是这种情操，才能解释其在晚年为什么能做出令很多世人费解的安排：将个人藏书全部捐献给北海公园内的松坡图书馆（该馆后并入国立北平图书馆，现为国家图书馆），本人则以抄书为生，清苦自持。

回顾吴雷川的一生，他不仅是我国现代教育界的一颗璀璨明星，更是我国传统知识分子的典型代表。他的德行，他的操守，他的学问和胸襟，他为中国教育呕心沥血的精神和他创新求实的教育理念，已经并将长期影响着后来人。

黄炎培：从"胜利"与"民主"中走来

———
张建安

兴办教育："利居众后，责在人先"

黄炎培的一生与教育事业密不可分。20 多岁的时候，黄炎培的老师蔡元培对即将离校的学生说："中国国民遭到极度痛苦而不知痛苦的由来，没有能站立起来，结合起来，用自力来解除痛苦。你们出校，必须办学校来唤醒民众。"这些话，黄炎培终生不忘，结合自己多年来所看到的山河破碎、国民愚昧的社会现实，他为自己定下了教育救国的志向。

1902 年，黄炎培首先回家乡川沙开办新式学堂，试图在晚清封建落后的时局中为中国播下进步的种子。同乡杨斯盛给予大力支持，在学堂缺少经费难以支撑的时候，杨斯盛慷慨捐银，使黄炎培的事业柳暗花明。川沙小学堂办得有声有色，黄炎培等人广邀名流演讲，宣传爱国思想，听者人山人海。但黄炎培等人的进步言论也同时被清政府视为"洪水猛兽"，黄炎培因此很快被清朝官吏拘捕起来，差点"就地正法"，幸得陆子庄、步惠廉、杨斯盛、佑尼干等中外人士竭力营救，方逃出虎口，又在杨斯盛的资助下亡命日本。这是黄炎培第一次办学，短短半年即告夭折，还招来杀身大祸，但他教育救国之志并未因此稍减。

1904 年，黄炎培返回祖国。杨斯盛是一位非常爱国的实业家，早有计划请黄办学，黄炎培因此得杨斯盛之力，大展宏图，先后兴办浦东小学、广明师范讲学所、浦东中学，运用新式教育，广泛传播先进思想，产生深远的影响。杨斯盛于 1908 年病故，临终前仍不忘教育，对黄炎培说："我早知我校（指浦东中学）基金不够，还想天假余年，学校还应大扩充。我死，你将向哪里募捐呢？现在我勉力凑捐基金十二万两。只望我死后，支撑这校的稍减艰苦。黄先生！你跟各位校董勉力吧！"据黄炎培后来回忆："浦东中学买地筑舍开办费，连同杨先生逝世以前历年经费，约共耗银十二万两。临殁捐基金十二万两，留给遗属，仅得维持生活。……像杨先生真是毁家兴学，一切是为了教育，为了学生，而一丝一毫不是为个人立名。"杨斯盛毁家兴学的义举值得世人称颂，而他把兴学大事重托于黄炎培，正是看到黄炎培是一位以教育救国为己任的可以信赖的人。

后来，黄炎培又创办了东吴大学、河海工程学院、同济大学、暨南大学等学校，为中国培养出无数杰出人才，张闻天、徐特立、华罗庚、范文澜、王淦昌等都是黄炎培的学生。他是真正称得上桃李满天下的。

最值得称道的是黄炎培所办的中华职业教育社。黄炎培曾在中国许多地方进行广泛的考察，发现当时的学生普遍存在一个问题，就是理论与实践无法结合起来。学习归学习，却无法运用到实际中。这一致命的弱点极大地影响着教育的发展。黄炎培乃致力于实用教育的传播，写出《学校教育采用实用主义的商榷》《小学校实用主义表解》等文，开中国实用教育之先河。黄炎培又进一步到国外考察，切身体会到美国职业教育的先进，于是在归国后更加不遗余力地投身于中国教育的改革当中。1917 年，中华职业教育社设立；1918 年，中华职业教育学校也在上海建立起来。黄炎培在发起创办这两个教育机构的时候，思想非常明确，就是强调"手脑并用，双手万能"，重视学以致用，真正达到教育与生活、生活与劳动结合的目的，"使无业者有业，使有业者乐业"。

黄炎培发起成立的中华职业教育社相当成功，从创办一直到全国解放，除在上海创办过中华职业教育学校外，还在重庆、南京、昆明等地开办中华职业学校、中华职业补习学校、中华职业指导所、中华工商专科学校、比乐中学等，并出版《教育与职业》《生活》等书刊 120 多种，培养学生 3 万余名。黄炎培的进步思想也得以在学生中广泛传播，职业教育在全国蔚然成风，为中国走出黑暗逐渐强大发挥了重要的作用。中华人民共和国成立后，中华职业教育社受到周恩来等国家领导人的高度重视，得到了更好的发展。

黄炎培创办职业教育几乎也是"白手起家"，他本人没有多少经费可以拿出，但他可以筹集资金。著名华侨领袖陈嘉庚等人都愿意慷慨捐赠，鼎力相助，原因就是黄炎培是一个信得过的人。

黄炎培的爱国是有名的，他会办教育也是有名的，他的勤劳与无私则受到世人的尊敬。其子黄万里回忆："父亲勤劳一生，远非常人所及。记得幼年见他每天晨 8 时许出门，夜必 11 时才回家，从无假日。……他提倡职业教育，设社宣传，凡事则都躬行。例如中华职业学校，是他理想的实验处。……长我们一辈的人大多节约成风，这倒并不稀奇。但我见到我父早年上班总是步行。甚至回川沙老家坐了小船后，还要走一大段路到故居。最后几年，在上海的老友穆藕初先生实在看不过去，送给他一辆自己坐旧了的汽车，父亲才算有车坐了。他在节俭方面对我也有不少影响。"黄方毅是黄炎培的小儿子，他向笔者讲述他父亲一生食素、勤俭节约的往事，令人十分感佩。黄方毅现为十届全国政协委员、全国政协经济委员会委员，每当看到他骑一辆旧自行车，像平常老百姓一样忙碌地穿梭在城南城北的时候，我依稀可以看到黄炎培的背影。

1942 年 5 月 8 日，黄炎培书赠中华职业教育社同学："利居众后，责在人先。"这也许正是他成功办学的重要因素，也正是许许多多的爱国实业家愿意助他办学的主要原因所在。

延安之行：寻找一条崭新的救国强国之路

黄炎培也是一位有名的民主革命家。早在 1905 年 7 月，他即在蔡元培的影响下加入中国同盟会，不久任同盟会上海干事，保管党员名册。辛亥革命前夕，黄炎培又受江苏苏南各县公推，到苏州劝江苏巡抚程德全起义。"九一八"事变之前，黄炎培在访问日本期间观察到日本图谋侵华的野心，写《黄海环游记》，并在归国后将日本阴谋面告蒋介石。"九一八"事变后，黄炎培更是不遗余力地投身于抗日救国运动，并要求国民党归政于民，积极抗日，主张早日实施宪政。黄炎培还发起创建了我国现在八个民主党派中的两个：中国民主政团同盟与中国民主建国会，并担任中国民主政团同盟第一任主席，担任中国民主建国会主委直至逝世。他一直密切关注着中国的命运，为祖国的民主富强不懈地努力。只是，从晚清帝国到北洋军阀统治时期再到国民党统治，黄炎培始终难以找到一个真正为国为民的政府，这使他非常失望。直到 1945 年的延安之行，黄炎培才真正豁然开朗，找到一条崭新的救国强国之路。

当时，抗日战争即将结束，各界人士希望看到一个和平民主的新中国。为恢复陷于停顿的国共和谈，应共产党中央和毛泽东主席电邀，黄炎培偕褚辅成、冷遹、章伯钧、傅斯年、左舜生五人飞赴延安。五天的延安之行给黄炎培留下深刻的印象。他有机会看到延安朝气蓬勃的景象，更认识了党中央大部分领导同志和高级将领，感受到共产党干部的优秀作风，称："鼎鼎大名的各位高级将领，外面没有见过的，总以为个个都是了不得的猛将，说不尽的多么可怕。哪里知道天天见面谈笑，真是古人所说'如坐春风中'。"尤其是与毛泽东主席的直接接触，使黄炎培看到了中国光明的未来。

至今被世人津津乐道的"窑洞对"便产生于此时。黄炎培在《延安之行》中这样叙述：

有一回，毛泽东问我感想怎样？我答：

我生六十多年，耳闻的不说，所亲眼看到的，真所谓"其兴也淳焉"，"其亡也忽焉"，一人，一家，一团体，一地方，乃至一国，不少单位都没有能跳出这周期率的支配力。大凡初时聚精会神，没有一事不用心，没有一人不卖力，也许那时艰难困苦，只有从万死中觅取一生。既而环境渐渐好转了，精神也就渐渐放下了。有的因为历时长久，自然地惰性发作，由少数演为多数，到风气养成，虽有大力，无法扭转，并且无法补救。也有为了区域一步步扩大了，它的扩大，有的出于自然发展，有的为功业欲所驱使，强求发展，到干部人才渐见竭蹶、艰于应付的时候，环境倒越加复杂起来了，控制力不免趋于薄弱了。一部历史，"政怠宦成"的也有，"人亡政息"的也有，"求荣取辱"的也有。总之没有能跳出这周期率。中共诸君从过去到现在，我略略了解的，就是希望找到一条新路，来跳出这周期率的支配。

毛泽东答：我们已经找到新路，我们能跳出这周期率。这条新路，就是民主。只有让人民来监督政府，政府才不敢松懈。只有人人起来负责，才不会人亡政息。

我想：这话是对的。只有大政方针决之于公众，个人功业欲才不会发生。只有把每一地方的事，公之于每一地方的人，才能使地地得人，人人得事。把民主来打破这周期率，怕是有效的。

在延安，自由民主的氛围感染着黄炎培，振奋的情绪萦绕在黄的心头，令他思绪万千。他还异常高兴地见到了已逝知己邹韬奋的儿子，并在"自发的情感"逼迫下写《韬奋逝世一周年哀辞》。他想到好友已逝时热泪双流，而提到他们为之奋斗的理想即将实现时则情绪高昂，激奋地写道："虽然，死者已矣，凡我后死，忍忘天职之未酬！今日者，暴敌行将就歼，国事亦将就轨。胜利！胜利！民主！民主！君所大声疾呼者，虽不获见于生前，终将实现于生后。呜呼！韬奋，呜呼！韬奋，死而有知，其又何求。"

延安之行是黄炎培一生中最关键的事情，他看到了希望、胜利与民主！

新中国成立后：做人民的官

黄炎培名声显赫，不少当权者均试图拉拢他，招他做官。袁世凯及北洋政府曾两次电召黄炎培出任教育总长，黄炎培坚辞不就。袁世凯因此很不高兴，有一天说："江苏人最不好搞，就是八个字，'与官不做，遇事生风'。"蒋介石也曾一再拉拢黄炎培，许以高官，也被黄炎培拒绝。不愿做官是黄炎培一贯的思想。

不过，中华人民共和国成立后，在周恩来两次来家动员后，黄炎培打破了"不做官"的惯例，担任政务院副总理兼轻工业部部长。其子黄大能感到纳闷，问黄炎培："一生拒不做官，怎地年过七十而做起官来了？"黄炎培向儿子详细讲述了周恩来动员的经过，然后严肃地说："以往坚拒做官是不愿入污泥，今天是中国共产党领导下的人民政府，我做的是人民的官啊！"

此后，黄炎培殚精竭虑为新中国的建设出力，被选为全国人大代表，并长期担任全国人大常委会副委员长、全国政协副主席。

1965 年，黄炎培先生去世。他勤俭一生，没给家人留下多少物质财产，却留下宝贵的精神财富。他的家训是："理必求真，事必求是，言必守信，行必踏实。事闲勿荒，事繁勿慌，有言必信，无欲则刚。和若春风，肃若秋霜，取象于钱，外圆内方。"在他的影响下，黄家代有人才出。希望黄炎培的子孙们也像黄炎培先生一样，为国，为民，为"胜利"，为"民主"，多干实事，多办好事！

婉拒孙大总统封官的人

——记美术教育家吕凤子

钱凯　吴海祖

　　1911 年 10 月 10 日，武昌城头炮声骤起，辛亥革命爆发。革命风暴迅成燎原之势，席卷神州大地。12 月，17 个省的革命党人代表齐集南京，推举孙中山为中华民国临时大总统。12 月 25 日，中山先生自海外经香港返抵上海，下榻哈同花园，召开同盟会领导人会议，研讨建国大事。1912 年 1 月 1 日，中山先生前往南京宣誓就任大总统，任命各部官员。

　　就在这段极不平常的时间里，位于扬子江南岸的千年古县丹阳发生了一件事。

　　1911 年 12 月 26 日深夜，丹阳古城万籁俱寂，全城百姓都已进入梦乡。突然，清脆的敲门声划破夜空，古城东侧梧桐山下的吕宅大门"吱呀"打开，刚搁下画笔的吕凤子先生收到了一封发自上海的急电。

　　送电报的邮差渐渐远去，古城依然一片寂静，然而端坐在书房的吕凤子心中却怎么也平静不下来。

望着这封要他速去上海哈同花园的急电，他百思不得其解。发电人素昧平生，哈同花园与他毫无瓜葛。上海的事只有两件与他有关：一是两年前他在上海创办过中国第一所现代美术院校——神州美术院，可是不久因另有教职，已转托他人续办了；二是他的祖上曾在上海办过一家名为德本堂的钱庄，可是其父吕守成过世后，当家的叔叔经营无方，坐吃山空，为抵债已卖给异姓了。这两处不至有事找他；即使有什么未了事宜，也不至于这么十万火急！

翌日凌晨，他约了本城一位老同盟会会员韩苏，一同乘火车赶赴上海哈同花园，并顺利地见到发电报人。发电报人对他们视若贵宾，一应款待，十分优渥，但却闭口不谈找他来有什么事，只安排他俩四处玩玩、看看。然而吕凤子只在街上逛了一天书店，便心急如焚了。

吃了晚饭，他叩开那位发电报人的办公室，"先生找我来究竟有什么事？请如实相告"。

那人和颜悦色地请坐、沏茶："难得到上海，先玩几天嘛！"

"如无大事，我可要告辞了！"吕凤子自两江优级师范学堂毕业后，一直忙碌于办学，眼下他在丹阳创办的正则女子职业学校正等着开学，筹集经费、聘请教师、招考学生……事无巨细，都等着他呢。那人见他去意甚坚，急忙解释："请先生来上海的，不是我。"

"不是你拍的电报嘛？"

那人仍然和颜悦色："我仅仅是他手下的办事人员。"

"他是谁？"吕凤子正色道，"他如不见我，我今晚就走！"

"千万别走！"那人见他去意已决，不得不把真情和盘托出，"找你来的不是别人，是孙中山先生。建国在即，中山先生这几天正和同盟会领导人商讨国家大事，忙得不可开交，食寝俱废，但他说一定要抽点时间和你面谈一次。"

"中山先生！"听说是十分敬仰的中山先生亲自召见，吕凤子由衷感到无比荣幸，"你知道他要跟我谈什么事吗？"

"上海的德本堂钱庄可是令严吕守成开的？"

"是的，是我家祖业，一直由家父守成公经营。可是，五年前家父去世，已被叔父卖给异姓了。"

"嗯。"那人点点头，"八年前，在海外从事革命活动的中山先生正为革命经费陷入困境时，突然收到上海汇来的一笔巨款，窘困为之一释。感激之余，他命人设法查出，这笔巨款是上海德本堂钱庄吕守成汇的。如今大业已定，过几天中山先生就要赴宁就任大总统，他忘不了支持革命的人们，当然也记挂援手于危难之时的吕守成先生。一查，守成先生已过世，他随即命我电召守成先生的长子来沪。听说你兴办教育卓有成效，他准备给你安排一个适当的职务。"

这一晚，吕凤子怎么也睡不着了。孙中山大总统亲自安排官职，意味着从此荣华富贵，然而吕凤子追求的却不是这个。父亲支持革命于危难，是尽到一个中国人的责任，绝不想图什么报答，更不想封官荫子，此其一；其二，吕凤子淡泊仕途，不想做官。中山先生曾在一次演讲中说过："中国革命需要两支大军，一支是武装大军，一支是建设人才。"人才哪里来？要办学校。吕凤子一心只想办学校，为国育才。

第二天一早，吕凤子向那位发电报人恳切辞行。

"怎么，要走？"受到中山先生专电召见已是极大的荣誉，何况还将得到贵不可言的恩宠，这是常人求之不得的好事，然而这位 26 岁的读书人竟然要走，委实不可思议，他愕然注视着这位一身布衣的教书先生。

"中山先生于浩繁国事中能召见我，已经万分感激。然而我一介书生，为振兴祖国教育事业，矢志不渝，我不是做官的料子，也不想做官，中山先生的美意我心领了。再则，中山先生日理万机，身心交瘁，我怎么忍心占用他的时间分他的神？何况我回去还有不少办学的事亟待料理。"说着他取出昨夜写好的一封短简，"我要说的话尽在信上，纸短意长，不足表达我对中山先生敬意之万一，务请面呈中山先生。"说完便离去。

吕凤子回到小城丹阳，回到他热爱的学生之中。其冬烘如许，耿介如此，笑话耶？故事耶？否！确凿无讹，史实见老同盟会员韩苏的回忆文字，然而吕凤子却从不向人提起。

这便是吕凤子。

江南才子

吕凤子，名钟浚，字凤痴、凤子，号凤先生，1886 年 7 月 7 日诞生在江南古城丹阳的一个钱业世家。近百年来，丹阳吕家出了不少名人，如著名语言学家吕叔湘、著名画家佛学家吕秋逸、主持设计和研制成功我国第一代反坦克火箭弹和第一代炮兵火箭的吕去病、旅美著名女画家吕无咎等，在他们的成长过程中，都受到过吕凤子的不少影响。

吕凤子自幼天资聪慧，且勤奋好学。他 3 岁始习书法，经著名书法家殷墨卿指点，坚持黎明即起苦练不已，不论春夏秋冬，从不懈怠，这为他后来在书法上的成就打下了扎实的功底。他 4 岁入塾启蒙，7 岁学唐诗，11 岁读完《论语》《尚书》《毛诗》《周礼》，无不烂熟于心。先生念一句，叫他背下去，他背诵得滚瓜烂熟；叫他解释，说得头头是道；再挑一句，还是这样。先生找到其父："令郎学业飞进，我肚里已没东西教他了。"就这样，换了好几位先生。

10 岁那年，他开始学画，当时并未从师，或作景物写生，或依古诗词的意境作画，因兴趣很浓，又善领悟，画得蛮像样子。同时他又练拳习武，有意识地活动身心，强身健体。后来他为筹集办学经费，经常终日站立悬臂作画，其体质多得益于此。

1901 年，15 岁的吕凤子以初生牛犊之豪气连闯县试、府试和院试，中了秀才，且名列前茅。他和胡小石二人一时被誉为"江南才子"。

不久，他尊父命去报考武备学堂，读了两年，因父逝守孝而辍学。守孝结束，他去南京考上了江南优级师范学堂。

作为南京大学、东南大学、中央大学前身的江南优级师范学堂，是我国最早的一批高等院校之一，学堂监督（即校长）李瑞清，进士出身，名列殿试二甲之首，词、书、画均名噪一时。吕凤子作为该校图画手工科第一届学员，在亲任书画教授的李瑞清指导下，学业大进，受到李瑞清的赏识。1909 年，吕凤子以最优等成绩毕业，并成为李瑞清的入室弟子。此时的吕凤子已非昔时的雏凤，他抖擞日趋丰满的双翼，立志为祖国干一番事业了。

三办正则

1910 年，吕凤子以创办中国近现代美术最早的院校——神州美术院为起点，开始了他近半个世纪的办教育历程。

吕凤子是位毁家兴学的教育家，他历任北京女子高等师范等七所高等院校的教授、系主任，先后创办神州美术院等六所学校，他所教过的赵无极、张书旗、吴冠中、李可染、谢孝思等人后来都成为驰名海内外的画家。然而，论其办教育，最值一书的事，当数三办正则。

初办正则，办的是正则女校。办女校，吕凤子心中萌生此念远非一日。

吕凤子读书时就逐渐形成了反封建反礼教的思想。13 岁那年，他约了几个同学，跑到东门外土地庙，把愚弄乡民的泥菩萨搬出来，扔到了河里。读大学时，他带头剪了辫子，成为丹阳城第一个剪辫子的。不久，他的又一勇敢行动传遍全城：在他力主之下，他母亲和妻子的三寸金莲首先放开了！

1912 年，吕凤子在家里挤出三间房子创办正则女子学校。创办之初，困难接踵而至：教师聘不到，他聘请了常州女师的五位毕业生；学生招不到，社会上"女子无才便是德"的流毒影响深远，他一家家地登门说服动员；没有适用的教材，他自己动手编写；可是没有经费，却让他伤透了脑筋。

父亲去世后，当家的二叔吃、喝、嫖、赌，把偌大的家产变卖殆尽，母亲手上留着几张田契，以防一大家人生活陷入绝境。吕凤子办学心切，对母亲百般劝说，磨了好几天，硬把母亲手上的几张田契要出来，应付办学一应开支，学校终于开学了。

为了给正则筹措经费，他还长期在外地当兼职教授。他在中央大学当教授时月薪 300 元，又兼金陵大学研究员，月薪 100 元，这每月 400 元薪金交母亲、妻子各 100 元以充家用，另 200 元则交正则学校。当时一般教师月薪 20 多元，所以 200 元可以解决八九位教师的月薪。正则学校无论多艰难，从未欠过教师薪金，但发薪的日期，则视吕凤子寄薪日期而定。他一边在外当教授，一边主持正则的校务大事，其艰辛确非常人可以承受。

然而这还不够开支，吕凤子便作画赠人变相募捐一些经费。吕凤子艺出名师，成名很早，加之他的作品是集绘画、金石、书法、诗词四绝熔于一炉，既美观又有神韵，故广受各界喜爱，求画者络绎不绝。他视求画者经济情况，将建校基金募捐簿送上，由对方写上一笔数字。吕凤子一生以画筹款的数字虽是惊人的，但因办学校的开支更为巨大，于是不得不另想办法。他为教育部门代办分校或代办学科和班级，可以领到一部分补助经费，所以虽明知加重负担也乐于承担；积极组织学生勤工俭学，收入亦可聊补办学经费。

经过20多年的艰苦努力，正则学校从无到有，从小到大，逐步成为苏南一带颇有名气的一所学校。

1937年抗日战争爆发，随着日军铁蹄的日益逼近，吕凤子坚持上完最后一课，洒泪离开故乡，率领部分教师和亲属，背着教学器材，逃亡入川。一路上饥寒交迫，屡遭敌机轰炸，他始终把教师聚在一起。步行到芜湖后，他们找到三条小粪船，溯江而上。一行20多人在臭气冲鼻的粪船上相依为命，每天只能烧二餐稀粥充饥，还要日夜轮流背纤。一天夜里，突然闯来一群巡逻的军警，以上船检查为名，把衣物、钱财洗劫一空。望着呼啸而去的强人，吕凤子压抑心中的悲愤，抚慰教师和家属，继续西行。幸亏吕夫人防患于未然，把一些钱缝在孩子的鞋子里，总算维持到了武汉。在武汉得到亲友的接济后，终于抵达重庆。经过长期的颠沛流离，吕凤子疲惫不堪，本该安顿休整一段时间，可是心中办学的热望烧炙着他，他在璧山县天上宫借了房子，挂起正则女校的牌子，办起了学校。不久，经他多方争取，地方政府拨给十多亩荒地，他先建起一批草竹结构的教室。

1939年，为筹措急需的建校经费，吕凤子争取到一批社会名流的支持，在成都举办了画展。为了办好画展，吕凤子日夜作画，四处张罗，竟昏倒在街头。

经过八年苦心经营，私立江苏省正则职业学校蜀校发展很快，设正则中学和职校两部，职校设初级蚕桑科、初级农科和高级建筑科，还兼办江苏省旅川临时中学璧山分校，自建校舍146间。

抗战胜利后，吕凤子率教师返回丹阳，在一片废墟上建设了第三个正则学校。正则两度迁移，三次兴建，吕凤子虽饱尝艰辛，仍矢志不渝。他手书"再造"二字，叫人镶刻在校门前的墙上，迅速恢复正则昔日的规模和光彩。《正报》1947 年 8 月 6 日评价道：唯私立正则学校，无论在设备、师资、教学等方面，比公立学校胜一筹。

与时俱进

吕凤子是个赤诚的爱国主义者，他一生崇尚真理，与时俱进，受到人们的崇敬。

"五四"运动爆发时，时任北京女子高等师范教授的吕凤子为抗议当局迫害爱国学生，愤而退出教务会议，与陈中凡等名教授一起弃职而去，并在刚画好的一幅《劲松》上题诗，"发愤一画松，挥毫当舞剑"，以明心志。

1927 年"四一二"反革命政变发生后，白色恐怖笼罩全国，正则的教师中被列入黑名单的先后有六人，其中魏雅芳老师被追捕。吕凤子听说后，当即把魏藏在家中柴房的阁楼上，命女儿吕无愆每天送茶、送饭。十多天后，风声愈紧，他用自乘的轿子把化装后的魏老师送出丹阳城，并嘱长子吕去疾护送出城。教导主任胡起文不幸被捕入狱，吕凤子多方设法，把他营救出来。中共早期领导人侯绍裘、董亦湘等人来丹阳时，曾在正则女校的礼堂向数百民众发表演讲。正则教师夏霖是中共地下组织领导人，当夏霖被捕壮烈牺牲后，吕凤子特地为其遗腹子取名"夏遗龙"，并一直放在正则读书，学费全免。新中国成立后历任江苏省副省长、省政协副主席的老共产党员管文蔚至今没有忘记，在白色恐怖的年代，他刚转移到家乡丹阳，吕凤子就聘他为代课教师，月薪 16 块大洋，为他提供从事地下斗争的环境。

1935 年"一二·九"运动风起云涌，正则师生纷纷投身抗日救亡的洪流，吕凤子不但支持学生组织"求知读书会"，张贴"求知"壁报，而且鼓励师生创作、演唱救亡歌曲，排演救亡戏剧。

1936年西安事变爆发，吕凤子组织正则教师研讨局势，并在会上语重心长地说："我相信国家会走上团结御侮的道路上去的！"

抗战爆发后，正则师生走上街头，热情宣传抗日；淞沪前线伤员大批运抵丹阳时，正则师生纷纷到医院协助救治护理、洗血衣、代写家信。在国民党丹阳县党部施加压力，不准学生参加救亡活动时，吕凤子对学生明确表态："国家风雨飘摇，你们为国事奔走，无可指责。"同时，他很策略地指导学生，参加抗日活动时把校徽摘下来再上街，不给当局以把柄。

抗战期间，他呕心沥血办起正则蜀校，为不愿接受奴化教育的有志青年提供就学上进的机会，虽遭土匪绑架，性命堪虞，也不改初衷。

他顶住压力，聘请中共领导人王若飞的舅舅黄齐生来校任教；精选正则师生的书画佳作托黄齐生赴延安时赠送毛主席、朱总司令，以示对共产党人的崇敬。黄齐生从延安返回时带来毛主席表示感谢的信函和回赠的一条延安毛毯，吕凤子视若珍宝，长期保存。

中华人民共和国成立后，吕凤子看到祖国万象更新，特地刻了一方"而今乃得生之乐"印，创作了《菜农的喜悦》《苏州园内新游人》等一大批描绘祖国新貌的作品。他的学生、旅美画家张书旗给他汇来巨款，他如数退回，并致书恳劝，动员学生早日回国，参加祖国建设。

布衣校长

吕凤子生于钱庄世家，出道后经手钱财无数，平素却总是布质长衫一袭，布鞋一双，两袖清风，四处奔忙，正则的师生们尊敬地称他"布衣校长"。其实，这个称呼里还包含着更多的意思：不做官、不追名逐利、关怀师生……

吕凤子的一生，言行一致，表里如一，淡泊仕途。

1940 年，教育部长陈立夫亲自来到正则蜀校找吕凤子。跨进校长室门槛，见吕凤子正埋头读书，笑眯眯地说："先生真是用功不辍啊。"

吕凤子抬头一看，教育部长大驾光临，沏了茶，便问："不知部长先生有何见教？"

"岂敢，只是有一事同先生来商量商量。"陈立夫饮了口茶，"教育部欲请吕先生出任国立艺专的校长，不知愿俯就否？"

吕凤子沉吟稍倾，提出了五个条件，第一条就是不做官：请部长先生给兼任聘书，不要发委任状，不要给简任官！

陈立夫最后全部同意了五个条件，但他始终弄不明白，为什么给个简任官他却不要？

吕凤子的书画作品是很值钱的，他的教授薪金又很高，可是他的生活却一直安于清贫。吕家三代数十口人的生活费，一直是东拼西凑。他本人薪金的一半交给家用本不宽裕，他还要从中不时抽取部分资助亲友师生。1935 年他为集中精力办正则而离开中央大学，一时收入锐减，为家用计，特命已在中大电机系读了两年的次子吕去病转考公费的兵工学校；去病毕业后，月薪较高，每月寄回相当数额以补家用。

吕凤子关怀正则师生无微不至。在四川办学时，正则教师叶季英的妻子因车祸致死，家中三个孩子嗷嗷待哺，吕凤子立即出资安葬叶妻，并定期资助，帮助叶季英把三个孩子抚养成人；今苏州市政协副主席谢孝思和他的妻子刘叔华，当年为正则蜀校一对相恋的教师，吕凤子支持他们摆脱封建约束，赠送 200 元，在正则艺专礼堂为他们举办婚礼，并作《迦陵填词图》以赠，鼓励他们在文化艺术上互相勉励、互相敬爱……

出于对吕凤子人格的崇敬和对正则事业的信赖，正则学校创办不久就出现了一批"永久教师",又称"终身教师"。他们把办好正则当作自己的终身事业,与吕凤子风雨同舟、患难与共,每月虽只领微薄的生活费,任正则东迁西迁,却始终相随。有位女教师陶骥(字吟籁),她本是家财万贯的千金小姐,从常州女师毕业来正则任教,一直工作到白发垂暮,终身未嫁。为了把学校办好,她把家中为她准备的嫁妆卖掉,以此款在正则盖了一座教学大楼,此楼被命名为吟籁楼。60年代她逝世后,其侄遵照她的遗嘱,还把她全部积蓄800元献给正则学校。

除外姓"永久教师"外,正则还有吕家"永久教师",又称"服劳教师",包括吕凤子的四个儿子、一个女儿、两个媳妇和一个女婿。吕凤子对这支"吕家军"要求极严,任务承担最重,工资却拿最低。

其实,吕凤子本人就是一名名副其实的"永久教师",他的整个身心都融进了中华民族的教育事业。

才华横溢

在毕生致力于教育事业的同时,吕凤子始终醉心于创造和发展民族风格的文化艺术。

吕凤子在南京读书时经常在栖霞山流连忘返,或临摹那些造型各异、十分传神的罗汉于栖霞古寺,或临写南朝石窟的佛像于千佛岩的崎岖山径。他所绘的罗汉画形象生动,寓意隽永,具有极强的艺术感染力,他也因此在美术界赢得"东方的米开朗基罗"之美誉。

吕凤子的仕女画,一反明代以来仕女画消瘦弱不禁风的病态,人物造型健康丰满,雍穆大方,且画面精丽工整,线条秀劲古拙,品位很高,堪称中国仕女画的杰作。1933年中华书局出版他的仕女画册时,著名国画大师黄宾虹特作题记:"……笔力圆劲,墨光潋郁,能得古人六法兼备之诣。余喜读古画,观于斯作,不胜钦佩,因题数语归之。"

吕凤子与张善子、张大千昆仲同为李瑞清和曾农髯的门下，是"曾李同门会"的成员，为一时之俊彦。1921 年，吕凤子在上海美专任教授时与吴昌硕、张大千时相过从，并与张大千合作过一幅山水画。

1940 年 5 月，张大千不远千里，特地看望正在璧山办学的吕凤子，盛情提出再度合作："用石涛笔法合作一幅如何？"吕凤子欣然展开宣纸，笑道："我也技痒哪。"张大千挽起青布长衫的袖子，向纸上喷水之后，以枯笔画了两棵树，然后以湿笔点了叶。吕凤子提笔又画一树，作夹叶，并补石、画草木，虽无色彩，深秋之意盎然纸上。张大千拈着一部长须，品味深思片刻，濡墨画了远山，山头缀了一座空亭，正是："江山无限景，都在一亭中。"

吕凤子缓步上前，在中景上细画一舟，虽无滴水，顿觉烟波浩渺；舟上画一持伞人，虽无丝雨，雨意极浓。

"好一幅秋江雨景图！"张大千抚髯大笑。

搁笔之后，张大千得悉吕凤子正窘于办学经费，爽朗地表示："在这里，我人地皆比你熟，我愿替你在成都办一次画展。"

中华人民共和国成立前夕，准备赴台湾的张大千特地邀请吕凤子同行："走吧，船票我也给买好了，我俩一门心思画画去，到国外开几个画展！"

吕凤子婉言谢绝了，这一别，竟成永诀。

吕凤子的不凡造诣，致使他的作品多次获得世界性美展和全国美展的最高奖，还多次被当作中国政府的礼品，赠送给外国元首。

吕凤子身怀绝技，却从不保守，对学生和盘托出，又勉励学生博采众长。他一生培养了成就斐然的美术人才数以百计：1912 年徐悲鸿曾向他学过素描，1927 年在中央大学艺术系时又常向吕凤子请教书法和水墨画；他早年的学生赵无极后来被国际艺坛列为"大师"；他所教过的张书旗、吴冠中、李可染、谢孝思等以及在正则任过教的潘天寿、李剑晨等人后来都成为驰名海内外的画家；著名画家傅抱石曾说："我和凤先生的关系是师生之间。"……

吕凤子在艺术上从不满足现状，总是探索不已、创新不止。他将西洋画的透视学、解剖学理论和素描技法引入中国画，在国画界开创了洋为中用的先河；他抱病写成《中国画法研究》一书，科学、系统地阐述了中国画的特点，对中国画的创作和研究发挥了积极的影响。他把西画和中国画的精华运用到民族传统的刺绣工艺中去，创造了"乱针绣"，并指导他的学生杨守玉实践，形成了新的绣种……

吕凤子声望日隆，但他始终是一位严肃的艺术家。他为平民百姓作画分文不取，对祸国殃民的军阀却千金不卖。1925 年 11 月，浙、闽、苏、皖、赣五省联军总司令孙传芳派副官带着 200 块大洋去找吕凤子，要他画幅美人，他避而不见。孙传芳以为嫌钱少，说："给他 1000 块大洋，买个活美人也足够了，难道还买不到他一个纸美人吗？"

没想到 1000 块大洋被退回，还附了封信："为取悦于人而画，极不自由，也极不愉快，因此也画不好。大洋璧还，乞恕不恭。"

恼羞成怒的孙传芳拍桌子大骂："不识抬举的书呆子！"命人把吕凤子抓来。结果只抓了吕家两个人做人质，吕凤子已经远走高飞了。

此事不胫而走，舆论大哗，弄得孙传芳只好放人，不了了之。

出于对吕凤子人品、画品的崇敬，徐悲鸿曾亲自把吕凤子的佳作《庐山云》悄悄从陈列在中央大学教师休息室的墙上取下，寄往法国，代吕凤子报名参加巴黎世界博览会美展，荣获一等奖。几个月后，此画又重新出现在教师休息室，徐悲鸿把奖章交给吕凤子并告诉他原委："先生太谦虚，我不得不如此啊！"

著名国画家钱松喦的女儿钱紫筠，名门才女，也是卓有成就的画家，说起她的成长过程，还有一段佳话。钱紫筠自幼随父学画，颇见功力。然而钱松嵒却不满足让女儿只承袭乃父衣钵，总想为她另择一位良师。出于对吕凤子人格的敬重和对他造诣的仰慕，1947 年，钱松嵒亲自扛着女儿的行李，领着女儿乘火车来到丹阳正则艺专，恭恭敬敬地把女儿托付给吕凤子，请他培养。

不留涓滴

"生的意义便是不息的劳动、不息的创作。"

"泪应涓滴无遗，血也不留涓滴，不留涓滴，要使长留千古热。"

这是爱国主义的教育家、美术家吕凤子先生以其不平凡的一生实践了的金石之言。

吕凤子把毕生心血都贡献给了他酷爱的祖国，最为典型的是三次大规模的捐献：

1946 年夏，吕凤子决定从四川返回江苏。临走之时，他将在四川璧山县创建的私立正则蜀校的 223 间校舍全部修整一新，完整无缺地交给璧山县政府，让当地学子受益，而不要一文钱的酬谢。

1951 年底，吕凤子出于对中国共产党和人民政府的信赖和热爱，把他历时五年余、亲手从焦土瓦砾堆上第三次建造起来的丹阳私立正则学校什么也不留地交给人民政府，改成公办学校。移交仪式的前夕，他心爱的女儿吕无咎出于对音乐的特别爱好，拉住父亲恳求：

"留下一架钢琴，让我弹弹吧！"

吕凤子凝望着女儿期待的目光，他深知，多年来几个子女跟着他吃了远比其他家庭孩子更多的苦，为教育事业做了不少奉献，却从没向他提过什么奢望，何况女儿也是为了专业上的更好发展，再说整个校产本来就属私有，留下一架钢琴应该是顺理成章、无可非议的。然而，这有违他自己定下的办学宗旨啊！

"不，一切归公吧。"老人心一硬，深情地抚摸着女儿的头发说，"放在学校里，可以让更多的老师、同学弹啊。"

第三次捐献是在吕凤子逝世之后。1959 年冬，老人生命垂危，为减轻癌症给他造成的剧痛，长子去疾终日守护病榻，为他按摩。弥留之际，吕凤子无悔地回顾了自己走过的七十四度春秋，再三叮嘱长子，把身边存留的一批珍贵字画全部交给国家。

追悼会刚结束，吕去疾与叔叔立即把有关领导找到吕凤子在江苏师院的宿舍里来，把遗物一一点交给苏州市博物馆和江苏师院的领导。

1972 年，张大千先生在美国旧金山举办个人画展，在一次宴会上，他见到了吕凤子的外甥温新榆。张大千在异乡喜见故人之后，深情缅怀与吕凤子的多年交谊，不胜感慨地说："他的才华真高！可是他的生性却很淡泊，简直可以说已到了不食人间烟火的地步。要是他稍为重视一点名利，他的名气就会大得不得了矣！"

吕凤子是个一辈子埋头为祖国为人民办实事而从不宣传自己的人，然而祖国和人民没有忘记他，纪念他的各类活动在海峡两岸此起彼伏、延绵不绝。

1983 年，丹阳县人民政府拨款建造正则画院，以研究和发展吕凤子的书画艺术，并将吕凤子故居勒石辟为丹阳文物保护单位以供后人瞻仰。

1985 年，隆重纪念吕凤子百岁诞辰大会在丹阳召开，省市党政领导和专家教授、各界名流300 多人出席大会，对吕凤子给予了高度评价，并决定成立"吕凤子学术研究会"。会后大陆和台湾分别出版了纪念吕凤子先生的文集。

从"不好学"说起

——我和鲁迅

胡愈之口述　周健强整理

　　我是鲁迅先生的学生，不是广义的学生，而是真正的学生，他教过我的课。鲁迅先生很厉害，他是一位严厉的学监，又是一位令人肃然起敬的好老师。回忆他就要从我的中学时代说起，从我的不好学说起。

"弃文就实"的选择

　　辛亥革命那一年（1911年）的正月，我的父亲送我到绍兴府中学堂去投考。清早从我的家乡浙江上虞雇了一只船，到绍兴府城已经是黄昏时候了。这是我第一次长途旅行，以前我不曾离开过家乡。

　　那年我已15岁了。我从6岁上学，在上虞县高等小学读了五年。国文已读熟了《古文辞类纂》里百余篇选文，数学学习过了大代数，历史看完了《御批通鉴辑览》，地理念完了屠寄的《寰瀛全志》，物理、化学、博物、生理都学过了一点。论到我的年龄和成绩，早两年就该进中学了。但因为我自小多病，我的祖母和父亲不放心我离开县城，所以特意嘱托县立高小的校长，把我留在县校多读了两年，直到 15 岁那年冬季才毕了业。又经我再三要求，家里方允许送我去离我家最近的绍兴府中学堂投考。

绍兴府中学堂是为绍兴八县而设的。清朝末年改变学制，分文、实两科，各四年毕业。绍兴中学的较高几班仍用旧制，不分文、实科。只有二年级有实科一班，一年级有文、实科各一班。当时只要投考及格，各级都可插班。清末废科举，对于学校毕业生，仍给予功名出身。小学毕业的作为秀才，中学毕业的作为举人。但必须从头修完全部功课，才给功名出身，中途插班的不给。我在小学时，常看些《新民丛报》、《浙江潮》、谭嗣同的《仁学》一类的书报，幼稚的头脑已装满了民主革命思想，对于功名出身全不放在眼里，所以我决意投考实科二年级。因为一则插班可以减少一年修业时间，二则自信学力可以考入二年级，三则我对于数理科格外有兴趣，我认为我进实科二年级最为合算适宜。但是，我的父亲却抱着不同的主张，他以为插入二年级，丢弃了将来的功名资格甚为可惜。不过他当时也受了一些革命思想的影响，对我的要求，倒也并不十分反对。他只说要去信同我的祖母、叔父商量后再定。在三天中，我的叔父却来了两封长信，一定叫我投考文科一年级，他说，我家"累世书香"，十余代"读书种子"，断不能"弃文就实"，究竟是功名出身要紧，多读一年书不算什么。并且说如进实科二年级，捐弃功名，祖母也极不以为然。经我叔父的极力主张，我的父亲也力劝我投考文科一年级。我费了无数口舌和父亲争执，终于是我得了胜利，我在实科二年级报了名，而且居然以第一名被录取了。直到今天，回想我当年的考虑和选择，我都以为是十分正确和合适的。年轻人在选择自己的事业和道路时，一定要从实际出发，全面考虑，既不要好高骛远，也不要自暴自弃，更不能急功近利，贪图虚名。一旦认准了目标，就要不为他人所左右，而应坚持不懈，以求成功。

"不好学"的学生

实科二年级的功课非常繁多，用的课本都很艰深。不过我在小学已经学过了许多中学的科目，所以除英文以外，并不感到十分困难。我在小学里已养成看课外书的习惯，还喜欢做游戏文章，比方写些打油诗，做些歪巧对联自娱或与同学打趣，进了中学还是如此。那时流行做游戏文章，报纸上也时常刊登一些这类文章。

那年绍兴府中学堂的学监是周豫才先生（即鲁迅先生）。他在我们实科二年级每周授一堂生理卫生课，他主要是做学监，管学生读书读得好不好。他在学校以严厉出名，学生没有一个不怕他的。每天晚饭后，学生上晚自修，或复习白天的功课，或做作文。鲁迅先生吃住在学校，每晚都要到自修室巡查，看我们自修认真不认真。有一次，我被他查到在写谴骂同学的游戏文章，但因我反应快，很快收拾起来，并马上开始认真做功课，他只是默默地注视了我一眼，就走了。经他这一眼，我老实了不少日子。过了一阵，我忍不住技痒，又在晚自修时写一篇题名《绰号》的游戏文章。那时候都喜欢取绰号，老师、同学几乎个个有绰号，我就拿这些绰号编成对仗句，再联成文章打趣。有个同学嘴巴大，外号叫"痰壶"。另一个因为颈子瘦小，外号叫"尿瓶"。开头两句我至今还记得："痰壶口大，尿瓶颈小"，后面还有一大串，早已忘记了。鲁迅先生也有绰号，叫"假辫子"。为什么叫假辫子呢？他留学日本时剪了短发，回到绍兴，又赶上革命党人秋瑾、徐锡麟等被清政府残杀。清王朝那时正在苟延残喘，作临死前的挣扎，镇压甚烈，到处捕杀所谓"乱党"。鲁迅先生因为没有辫子，致使同事远避，官僚严防。他在

《且介亭杂文·病后杂谈之余》中回忆说:"我所受的无辫之灾,以在故乡为第一。尤其应该小心的是满洲人的绍兴知府的眼睛,他每到学校来,总喜欢注视我的短头发,和我多说话。"就在我考入绍兴府中学堂不久,忽然来了一个剪发运动,许多高年级的同学都把发辫剪了。当时校外剪发的还很少,而剪了发的人,是要被当作"乱党"看的,乱党就有被杀头的"资格",所以学生家长都反对剪发。但学生中间,不愿剪发的人,往往被看作无用、懦弱,被人家称作"拖猪尾巴"。我当时自然也是热心剪发的一个,只因家里来了几次严重警告,说如果我剪掉辫子,便永远不许回家。我缺乏与家庭抗争的勇气,只好暂时忍受"拖猪尾巴"的奇辱。这以后不久,我生了一场大病。等病快好的时候,正是1911年10月,上海各报满载着各地"起义反正"的大字新闻,清室推翻了,黎元洪在武昌做都督了,各处都挂白旗了……这些惊人的消息,使病后的我感到无限的喜悦与兴奋。而最使我快慰的是,当我病愈起床的那天,一家人都约定了一齐剪下辫发,连从前反对我剪辫子的父亲和叔父,现在自己也剪掉了辫子。我自己呢,反而不再剪发,因为我经历了这场几乎断送我性命的大病之后,头发都脱光了,已经无辫可剪了。

我们的陈(?)校长和周学监,与同盟会及徐锡麟等都有过关系,是绍兴知府的注意对象。为了不使学生遭受无谓的牺牲,万般无奈,鲁迅先生只好装了条假辫子,戴上瓜皮帽,既可以遮掩一时,也保护了激进的学生。但却因此被我们学生取了个"假辫子"的外号。我的游戏文章里,也把"假辫子"编了进去。我正编得起劲时,忽然发现学监先生那双浓眉下的眼睛,正在严厉地注视我。这一下尴尬了,我又被鲁迅先生当场捉住了!基于上一次被"捉"的经验,我趁他一面检查别的同学,一面向我慢慢走过来的工夫,手忙脚乱地把课本盖到了那篇《绰号》上面,装作认真读书的样子,希望侥幸过"关"。鲁迅先生踱到我面前站住了，我心怀忐忑地偷着瞄了他一眼，他脸上带着一贯严肃的神情注意地看了我一会儿，却并不说什么，就把我上面的书拿掉，抽出我那篇倒霉的"杰作"看了一看，还是什么话也不说，就继续巡查去了。我呢，心里像十五个吊桶打水——七上八下，除了懊悔，只有无可奈何地坐着发呆。

自那以后，我再也不敢浪费时间做这种无聊的游戏文章了。我一直在暗暗担心，不知这位以严厉出名的学监先生会怎么处置我。可是等了又等，直等到期终考试，还无下文。

我们的期终考试也是鲁迅先生考，要是考的分数不好，下半年就不能升级。考完之后，我们天天盼望发表分数，鲁迅先生却按兵不动，迟迟不公布考分，这可把我们急坏了。我因为有"把柄"在他手里抓着，自然比谁都更急于知道分数。鲁迅先生在学校有一间单独的住房，就在我们的教室旁边。有一天，我们看见他出去了。临走时，他锁上了前面的房门，却没有关后面的窗户。我和两个同学悄悄绕到后窗下，打算爬进去侦察考分。窗子离地面较高，窗户开得又小，要爬进去必须搭人梯。我个子小，就由我踩着他们的肩膀，爬了进去。临窗是书桌，我打开抽屉，看见试卷都在里面。那时候有两种分数，一种是课堂分数，一种是品行分数，品行分占50%，我的功课没有问题，就怕品行分不行，所以我什么也不看，急忙找到品行分，一看没打分数，只批着三个字——不好学！我心想，糟糕了！不好学，这品行分终归不行了，品行分不及格，就不能升级，我懊悔极了。后来当然还是顺利升了级，只是扣了一二十分。鲁迅先生管学生很有办法，很厉害的。其实做游戏文章在他看来并没有什么，他只是怕学生浪费时间，分散精力。他不是把浪费人的时间比作谋财害命么？他总是寄厚望于青年，倒并不是要把我怎么样。他一句话也没说，就达到了警诫和教育学生的目的，很厉害吧？

师生的玩笑

后来鲁迅先生去了北京。我不久考进了上海商务印书馆，参加《东方杂志》的编辑工作。我曾与他通过信，请他为《东方杂志》写稿。他1922年写的短篇小说《白光》和1924年写的《祝福》，最初都发表在《东方杂志》上。

四一二事变发生后，鲁迅先生从广州来到上海。而我却因与郑振铎、周予同等联名写信给蔡元培等国民党元老，抗议残杀工人群众，被迫远走法国，与鲁迅先生断了联系。直到1931年，我因半工半读不能维持学业，由巴黎大学中途退学，经莫斯科回到上海，才又得与鲁迅先生在一些文化界聚会上见面交谈。记得这年下半年的一天，正是我发表了《我的中学生时代》征文以后不久，在一次聚餐会上，我遇见鲁迅先生时，笑着告诉他：

"我最近写了一篇文章，其中谈到了绍兴府中学堂和学监先生及他的假辫子，恐怕对先生有些不恭，有些不大好呢！"

他笑道："是你那篇写中学生生活的文章吧？发表在开明书店的《中学生》月刊上，对吧？你还说对我不大好呢，你的这篇文章，有小辫子给我抓住了，将来我拿出来，够你受的！我看，恐怕是对你不大好呢！"

他故作严重地向我摇着一根手指头，笑着吓唬我。他这是在同我开玩笑哩！鲁迅先生是很幽默风趣的，对青年更是有着深厚的爱心。他当时的笑容，向我摇动的手指头，还有他对我那篇小文章的关注，给我留下了难忘的印象。1931年8月下旬，我写的《莫斯科印象记》问世，又得到他的鼓励。他高兴地读完全书以后，还说："这一年内，也遇到了两部不必用心戒备、居然看完了的书。一是胡愈之先生的《莫斯科印象记》，一就是《苏联闻见录》。"

因为那时对新生的苏维埃政权，谣传、诅咒、怨恨无所不至，我这本小册子则如实地记录了我在莫斯科停留七天的亲见亲闻，不带任何政治偏见，因而受到普遍欢迎，也得到鲁迅先生的好评。鲁迅先生一贯支持和帮助文学青年，注意培养新生力量，对于青年人的点滴成绩，总是竭力加以鼓励的。1933 年 1 月间的一天，鲁迅先生托周建人先生通知我去中央研究院分院开会，并叫我邀邹韬奋同去，我和邹韬奋一起去了。那天去了十几个人，有杨铨（杏佛）、蔡元培、宋庆龄、史沫特莱、伊罗生等先生。原来是成立"民权保障同盟"，总会设在上海，各地还有分会。这是第三国际下面的"济难会"，是声援救济各国被压迫的政治犯的，搞募捐、发表宣言等活动。由各国有名望的、特别是进步知识分子出面号召，是国际性组织。"民权保障同盟"实际是济难会的中国分会。这次开会成立了执行委员会，选出鲁迅先生等九人为执行委员，会长是宋庆龄、蔡元培先生。我也是执行委员之一。从这以后，我与鲁迅先生经常在一起开会。每次开会都由杨铨作报告，谈些有什么案子，抓了什么人，有的枪毙了，有的关起来了，受到严刑拷打等等。会议最后都是向国民党反动派抗议，发表宣言。这些宣言在国内不能发表，主要是靠史沫特莱、伊罗生及其他外国进步记者，用电报发到国外。当时西欧、美国的进步人士如肖伯纳、爱因斯坦、罗曼·罗兰等著名学者和文人，根据这些材料，签名发表抗议宣言，并直接打电报给国民党表示抗议，对国际舆论影响很大。国民党反动派最怕外国人和国际舆论，对"民权保障同盟"恨之入骨。后来终于在 1933 年 6 月 18 日，就在上海法租界中央研究院分院门口刺杀了杨铨先生。在此之前，国民党特务曾以暗杀要挟杨先生，杨先生却毫不屈服，一如既往地仗义执言，揭露反动派的罪行。反动派恼羞成怒下了毒手。当时还传说有五十六人的黑名单，蔡、宋两位会长的名字排在最前面，鲁迅、茅盾和我等许多执委及会员积极分子都在名单上，企图以此进行恐吓。并且放出风声，说要在杨先生出殡的那天动手。鲁迅先生自 1927 年到上海后，就曾为上海济难会（又称"赤色济难会"和"互济会"，是一个广泛的群众性组织，"民权保障同盟"是上层组织）捐过几次为数不小的款子，始终积极参加"民权保障同盟"的活动，认真履行执委的职责。杨先生遇难后，鲁迅先生照常在家里工作，也照常去内山书店看书买书。杨先生出殡那天，他镇静自若地去殡仪馆吊唁，连家里的钥匙也不带，以示他蔑视反动派的威胁恫吓，即使遭到不幸，也义无反顾的决心。蔡、宋两位会长以及我们许多上了黑名单的人，也都怀着视死如归的决心参加了吊唁活动。反动派到底不敢冒天下之大不韪，没有动毒手。可是，鲁迅先生最终还是被反动派的黑暗势力啮咬死了……

为先生守灵

1936 年的阴历年初，我在香港等船去巴黎，然后转道去莫斯科时，党要我秘密回上海，转告苏联邀请鲁迅先生去休养的建议，并帮助他买船票去香港，由我陪他去莫斯科。我回到上海后，在四川北路一家饭馆约鲁迅先生见面，把苏联的邀请告诉他，并把去莫斯科的交通情况也介绍了。鲁迅先生听后，很诚恳地说："我很感谢苏联朋友的好意，但是我不去。苏联朋友关心我，无非是为了使我得到较好的医疗和休养，另外也因为反动派想搞我，处境有危险，到苏联安全。但我的想法不一样，我已经 50 多岁了，人呢，总是要死的，就是现在死了也不算短命。我的病也没有那么危险，我在上海住惯了，离开远行有困难。另外，我在这里，还要斗争，还有工作，去苏联就完不成我的工作了。敌人想搞掉我，怕并不那么容易。他们对我没有别的办法，除非把我抓起来杀掉，但我看还不至于，因为我老了，杀掉我，对我损失不大，他们却损失不小，要负很大的责任，难免不激起公愤。而他们一天不杀我，我就可以拿笔杆子斗一天，让他们不痛快一天。我不怕他们，他们怕我。我离开上海去莫斯科，只会使他们高兴，我不愿意使他们高兴。请转告苏联友人，我非常感谢他们的盛情邀请，但我认为还是不去的好……"

我只和鲁迅先生谈了这么一次，我知道他坚决不去苏联养病以后，没有再找过他，就又回香港去了。万没想到这就是永诀。

我去香港是为与党中央取得联系，报告张学良将军愿意联合抗战的详情。我从香港上船，在海上漂流了一个月左右到达巴黎，得吴玉章同志帮助去莫斯科，找到了当时驻第三国际的中共代表潘汉年联系后，邹韬奋约我去香港帮助他创办《生活日报》。后因各种限制太多，经费又困难，《生活日报》只出了55天就自动停刊了。

1936年8月，我再次回到上海时，鲁迅先生已经生病了。但是他素来体质很差，时病时好，大家以为他这次生病，也会像前几次一样慢慢好起来，谁也想不到他就此一病不起。我当时搞地下工作，是救国会负责人之一，不宜公开露面。鲁迅先生住在越界筑路，处于法租界边沿，鱼龙混杂，"包打听"之流处处皆是。为了先生的安全，尤其怕自己被盯梢而连累先生，我从未去过先生的家，有事多通过周建人先生联系（周建人先生在商务印书馆工作，和我同事）。但我对先生的情况总是设法了解的。及至10月19日清晨，我接到冯雪峰的电话，听到鲁迅先生逝世的消息，犹如晴空霹雳，电话筒都差点从我的手里掉下去。我甚至懊悔自己不该只找先生谈了一次话，而没有力劝他去苏联养病，要不，他现在或许还会在苏联某地疗养吧？但我没有时间哀痛，我马上通知沈钧儒先生和救国会。

鲁迅先生的葬礼，是由当时上海各界救国联合会主办的。当时正处于抗日救亡运动高潮，我们通过鲁迅先生的葬礼，发动了一次民众的政治性示威。鲁迅先生的遗体安放在租界内的万国殡仪馆，供群众吊唁。灵柩是孙夫人宋庆龄女士送的一具价值3000元的棺木。灵堂四周摆满了各界人士和民众送的挽联和花圈。吊唁期间，数万群众扶老携幼前往守灵吊唁，从早到晚络绎不绝，情景十分感人。三天吊唁过后，于10月22日下午2时起灵。租界内是不允许组织群众集会游行的。出殡那天，外国工部局派了马队在万国殡仪馆四周巡逻，那些耀武扬威的马兵，也不敢触怒那数千悲愤填膺、秩序井然的送葬群众，只好无可奈何地勒马徐行，前后左右地监视那四人一排的、六七千人组成的庄严肃穆的送葬行列。蔡元培先生、沈钧儒先生、宋庆龄女士等德高望重的老人，走在队列的最前面，并一直步行到万国公墓。追悼会就在公墓礼厅的石阶前举行。蔡元培、沈钧儒、宋庆龄、章乃器、内山完造、邹韬奋等人都在墓前讲了话，公开批评国民党反动派迫害鲁迅，号召大家继承鲁迅精神，继承他未竟的事业，打倒帝国主义，消灭一切汉奸走狗，完成民族解放运动……最后由我致哀词，由章乃器、王造时等四人献"民族魂"大旗，覆盖在棺木上。"民族魂"三个大字是沈钧儒先生的手笔，用黑丝绒绣在白软缎上面。

鲁迅先生的葬仪团结了左、中、右各界人士和广大民众，体现了鲁迅先生不分派别、一致对外、联合抗日的精神，向消极抗日的国民党反动派和甚嚣尘上的日本侵略强盗显示了团结抗日、一致救亡的威力。反动当局因此对救国会又恨又怕，终于在事隔一个月后的11月22日深夜，在上海逮捕了救国会的"七君子"。

我平生参加过无数次葬仪，而最使我伤痛、留给我不可磨灭的印象的是鲁迅先生的葬仪。近半个世纪过去了，我依然记得当时守灵时的心情。我守立在先生的灵柩旁，从半开着的棺盖下，望着他瘦削的熟睡般的面容。我望着先生的遗容，想到这个与黑暗奋斗了一生的战士，是把别人喝咖啡的时间都用来工作的。直到生命垂危的最后几天，他还在工作，只有死亡才使他放下了那支如投枪匕首的笔，彻底休息了……他说："我好像一只牛，吃的是草，挤出的是牛奶，是血。"还有比这更恰切的比喻吗？他确是"在生活的路上，将血一滴一滴地滴过去，以饲别人，虽自觉渐渐瘦弱，也以为快活。"想到就是这样一个人，却到死还是个被密令通缉者，怎能不叫人悲愤交加！但眼前是络绎不绝的吊唁的人群，人们冒着被盯梢、被逮捕囚禁的危险，前来向他们心中的楷模、精神的导师致敬、告别。满目是"哭鲁迅"、"鲁迅先生精神不死"、"鲁迅先生不死，中华民族永存"的祭幛、挽联。这就是力量！是悲愤化成的力量！多少过去的文场对手、政治论敌，都因了这共同的悲哀走到一起来了，从此捐弃前嫌，为纪念鲁迅先生，努力为民族解放斗争，一起去完成他未竟的事业！是的，做人就要做这样的人，做一个生前死后都有益于大众的人，做一个有鲁迅精神的人！

慧眼识才

——宗白华对郭沫若的发现和扶植

———

邹士方

郭沫若的《女神》是中国新诗中最优秀的诗集，《女神》的诞生使郭沫若成为中国新诗中的巨人，奠定了他在中国新文学史上的地位。

青年朋友们，你大概并不了解《女神》的诞生同一个人很有关系，他可以算作《女神》的"催产婆"。我要说的这个人就是宗白华先生。

宗白华先生是我国现代著名的美学家和诗人，1918 年他就参加了王光祈、李大钊等人发起的少年中国学会的筹备工作，以后被选为这个组织的最初领导人之一。翌年 8 月，上海《时事新报》副刊《学灯》主编郭虞裳受该报负责人张东荪的委托聘请宗白华协助编辑《学灯》、11 月郭虞裳赴英，22 岁的宗白华正式担任《学灯》主编。宗白华就是在编辑《学灯》期间，发现和扶植了郭沫若。

《学灯》属于"学艺性副刊"，占据主要篇幅的是学术性讨论、报道、翻译，名人演讲录及编作者之间的通信。宗白华的到来，把哲学、美学和新文艺（特别是新诗和戏剧）的新鲜血液输入《学灯》，使《学灯》大放异彩，成为遐迩闻名的"五四"时期四大副刊之一。

在宗白华的建议下，8月15日《学灯》开辟"新文艺"栏，开始刊载新诗。宗白华从大量来稿中发现了不少字体秀丽的日本来件，深为留学生的浪漫热情而感动。他没有因为上面陌生的作者名字而看轻作品的实际价值，立即将来稿向郭虞裳推荐，力主发表。不久署名"沫若"的诗作《鹭鸶》与《抱和儿游博多湾中》在9月11日《学灯》刊出。

当时郭沫若正在日本福冈九州大学医学部学习，出于爱国热情，他集合几个同学组织了一个小团体"夏社"，出油印小报。在编印小报过程中，他经常阅读上海的《时事新报》《学灯》引起了他很浓厚的兴趣。当他在8月29日"新文艺"栏上读到康白情的白话诗《送慕韩往巴黎》，唤起了自己的胆量，遂将自己以前的诗作投寄《学灯》，不想很快刊出，惊喜若狂。在此之前郭沫若虽有创作和翻译，但他知音难觅，寄回国内，屡屡碰壁。这次作品第一次变成了铅字，给他的生活道路和创作历程带来了决定性的转折。

闸门已经打开，诗人的才华之泉终于迸发奔流了！宗白华以敏锐的洞察力，判断出年青诗人胸中蕴藏着不可估量的创造力，看到一颗珍珠正在东洋岛国烁烁闪光，他以惊人的气魄将"无名小辈"的作品接二连三地大量发表。9月下旬到11月下旬就陆续发表了《死的诱惑》《新月白云》《某礼拜日》《梦》《火葬场》《晚步》《浴海》《胜利的死》《黎明》等十几首。

11月21日、22日宗白华在"哲学研究"栏内发表了抱一（易白沙）的《墨子的人生学说》一文，尽管他不同意该文的观点。11月27日宗又在"评论"栏内撰文《中国的学问家……沟通……调和》，不点名地批评了抱一。郭沫若对抱一的文章早有看法，读了白华此文更有同感。"心有灵犀一点通"，他于是给白华写信，阐述自己的观点。以后两人频繁通起信来，千里神交，引为知音。

宗白华鼓励比自己年长五岁的郭沫若尽量写诗，为此 1920 年 1 月宗在《学灯》取消了"新文艺"栏而代之以"新诗"栏。郭凡有诗寄去，宗毫无保留地发表，甚至有时用《学灯》整个篇幅。（1 月的"新诗"栏共出了四回，而四回的"新诗"栏都尽为沫若的诗所独占！）沫若像一座作诗的工厂，产品有了销路，他的诗兴大发。于是沫若的诗像潮水一样接连不断地在《学灯》上涌现出来。1 月份有《晨安》《立在地球上放号》《三个泛神论者》《地球，我的母亲》《夜》《死》《匪徒颂》《凤凰涅槃》等十几首。二三月份又有《心灯》《炉中煤》《天狗》《叹逝》《登临》《日出》《光海》《风光明媚的地方》等十数首。在这样短的时间内，大量地编发一位无名作者的新诗，在《学灯》编辑史上是绝无仅有的，在中国报刊史上也是罕见的。

郭沫若一登上诗坛，就以磅礴的气势震动了诗界，征服了读者。后来朱自清在为新文学大系的《诗集》作导言时，曾把郭沫若的进入诗坛，称作"一支异军的突起"。这种异军突起的产生不能不归功于宗白华的魄力和胆量，如果不是宗白华为郭沫若提供《学灯》的阵地，在短时间内发表了他的大量作品，郭的"异军突起"是不可思议的！

在现代文学史上，宗白华不仅是郭沫若新诗的最初编发者，而且是第一位评论者和鉴赏家。他在给郭沫若的信中说："我很希望《学灯》栏每天发表你一篇新诗，使《学灯》栏有一种清芬，有一种自然 Nature 的清芬。"对于《凤凰涅槃》和《天狗》二诗，他热烈地赞颂："你的凤凰正在翱翔空际，你的天狗又奔腾而至了。你这首诗的内容深意我想用 Panthdistische Inspiration 泛神论——笔者的名目来表写"，"你的凤歌真雄丽，你的诗是以哲理做骨子，所以意味浓深。不像现在有许多新诗一读过后便索然无味了。所以白话诗尤其重在思想意境及真实的情绪，因为没有词藻来粉饰他"。"你《天狗》一首是从真感觉中发出来的，总有存在的价值，不过我觉得你的诗，意境都无可议，就是形式方面还要注意。你诗形式的美同康白情的正相反，他有些诗，形式构造方面嫌过复杂，使人读了有点麻烦，……你的诗又嫌简单固定了点，还欠点流动曲折，所以我盼望你考察一下，研究一下。你的诗意诗境偏于雄放直率方面，宜于做雄浑的大诗。所以我又盼望你多做像凤歌一类的大诗，这类新诗国内能者甚少，你将以此见长。但你小诗的意境也都不坏，只是构造方面还要曲折优美一点，同做词中小令一样。要意简而曲，词少而工。"

在白华和沫若的心目中他们两人的身心都已"合二而一"了。白华在给沫若的信中说："你的诗是我所最爱读的。你诗中的境界是我心中的境界。我每读了一首，就得了一回安慰。……现在你的诗既可以代表我的诗意，就认作我的诗也无妨。""愿你一方面多与自然和哲理接近，养成完满高尚的'诗人人格'，一方面多研究古昔天才诗中的自然音节，自然形式，以完满'诗底构造'，则中国新文化中有了真诗人了。这是我很热忱的希望，因你本负有这种天才，并不是我的客气。"沫若在回信中说："……我想你的诗一定也是我所最爱读的诗，你的诗一定也是可以认作我的诗的。我想你的诗一定是我们心中的诗境诗意的纯真的表现，一定是能使我融筋化骨的真诗，好诗……"他十分佩服白华教他的"完满高尚的诗人人格"和"完满诗底构造"的两句话，在信中说："白华兄！你这两句话我真是铭肝刻骨的呢！你有这样的好的见解，所以我相信你的诗一定是好诗，真诗。"他深情地说："《学灯》栏是我最爱读的。我近来几乎要与他相依为命了"，"我要把我全身脂肪组织来做'学灯'里面的油"。

科学和民主的五四精神像一条无形的纽带把朝气蓬勃的青年人的心

紧紧地连接在一起。对哲学、对文艺（特别是新诗）的热心探讨，对社会问题、人生问题的无比关注，成为他们友谊的共同基础。歌德、泛神论、庄子是他们这时人格和事业的共同的支柱。

值得一提的，宗白华这时还介绍从未见过面的郭沫若加入少年中国学会，后来因为有的会员反对没有成功。但由此也可看出宗对郭的了解和信任。

在白华与沫若千里神交之际，独具慧眼的宗白华于 1920 年 1 月又给自己在日本留学的朋友田汉（少年中国学会会员）写信，告诉他："我又得着一个像你一类的朋友，一个东方未来的诗人郭沫若。"白华连去三信给沫若，介绍他与田汉结交，大有预见地说："我很愿意你两人携手做东方未来的诗人。"热情洋溢的宗白华促成了郭沫若、田汉这两位未来的文坛巨人的最初相识，在中国新文学史上留下了不同寻常的足迹。

1920 年 1 月至 3 月，三人鱼雁往来，正像郭沫若后来回忆的："三人都不曾会面，你一封，我一封就像陷入了恋爱状态的一样。"他们和当时的青年一样，受到时代潮流的冲击，感到半封建半殖民地的旧中国太令人窒息了，他们苦闷、探索、反抗，互相倾诉心中的不平，追求着美好的理想，自我解剖，彼此鼓励。他们的心像火一样热烈，像水晶一样透明。

三人这时的通信经过整理后于这年 5 月出版，题名为《三叶集》，成为三人友谊的结晶。郭沫若认为此书"这要算是在五四潮流中继胡适的《尝试集》之后，有文学意义的第二个集子"。

1920 年 3 月 19 日田汉利用春假由东京到福冈，同郭沫若第一次见面。

1920 年 4 月底宗白华辞掉《学灯》职务，准备到德国去留学，临行前还在《学灯》编发了郭沫若的诗：《电火光中》（4 月 26 日）、《巨炮之教训》（4 月 27 日）。

宗白华走后，接任《学灯》主编的李石岑对白话诗存有偏见，给郭沫若的诗每每以不公平的待遇，致使他诗兴消沉，很少作诗。

1921 年 8 月郭沫若将宗白华编发在《学灯》上的那些诗加以增删，编成诗集《女神》出版。

1925 年宗白华回国，在上海同郭沫若第一次会见。

对于宗白华的扶植和帮助，郭沫若是永志不忘的，他后来多次回忆起宗白华，说："但使我的创作欲爆发了的，我应该感谢一位朋友，编辑《学灯》的宗白华先生。"他认为由于宗白华给予他的很大的鼓励，使他有最初的一本诗集《女神》的集成。他甚至感激地称宗白华为"我的钟子期"！

"动画大师"万籁鸣与陶行知

———

金宝山

中国动画事业奠基人万籁鸣从艺 80 个春秋，走南闯北，历经坎坷，一生充满了传奇色彩。

闯荡世界结识陶行知　铭记教诲艺坛露头角

万籁鸣，本名万嘉综，1900 年 1 月 18 日出生在南京一个小商人家庭。6 岁入私塾开蒙，厌恶死读古书，不背书不写字，却在课桌上偷偷画老塾师像。一次正巧被发现，老师见这幅人物肖像画画得不错，竟没用戒尺打他，脸上还露出了笑容。万籁鸣读书半年，只会写一个"马"字，但字写得很好，有骨架、有精神，原来他喜欢马，同学们都笑他是"马痴"。他对马情有独钟，日后将各种色彩的马都画进了动画片《大闹天宫》。

高中毕业那一年，万籁鸣因父亲破产而辍学。为分担家庭困难，他想以画谋生，于是到秦淮夫子庙向老画师求教，或在家临摹古代大画家陈老莲、石恪等人的作品。在教会学校里，他曾用心研习西洋画技法，常去郊外写生，画马、画鸟、画农夫、画田园风光。

1916 年，南京高等师范招聘有文字基础且能绘画的缮写员，万籁鸣经人引荐入选。教育家陶行知先生刚从美国归来，时任该校教务长。一天，万籁鸣在蜡纸上刻画一匹马的教学解剖图，一笔一笔非常专心，突然从他身后传来一句问话："画得不错嘛，向谁学的？"万籁鸣转头一看，见是陶先生，忙站起来说："自学，先临摹中国画，后学习西洋素描，也写生。"陶先生平易近人，一向厚待晚生。他连声夸奖："好，好，自学好！画画要多写生，才能画得活画得好。"接着又说："死读书、读死书的人，不一定有什么创造发明。比如在美国，搞成功发明的人，高才生并不比普通学生多，所以不能把分数看作衡量人才价值的唯一标准。我看，一定要看实际效果，这就要凭各人的努力了。你要多读书，更要多实践。"他见万籁鸣为人忠厚，敬业勤勉，便安排万籁鸣在工作之余去听他的课。陶先生品德高尚，学贯中西。万籁鸣在他关怀下有了深造的机会。一天夜里伏案走笔，为了拉低灯泡，不懂电学知识的他，竟用剪刀去剪电线，差点丧命。吸取这一教训，万籁鸣又自学物理、化学和电气等知识，后来这些知识在拍摄动画片中都用上了。回忆往事，万籁鸣感慨地说："过去我也曾想过行行出状元，可有人说这是匠人思想。听了陶先生的教诲，我明白了多读书、多实践的深刻含义，从此坚定了走自己的路的决心。"

遵循陶先生的教导，万籁鸣经常向儿童刊物投画稿，几乎"百发百中"。教务处一位老先生认为他署名"万海啸"不妥，说海啸排山倒海，有点吓人，建议改个雅一点的名字。万籁鸣心悦诚服，取"万籁齐鸣"之意，改称"万籁鸣"。从此"万籁鸣"之名常见于报端，而他的本名反而被人们忘记了。

　　1925 年，陶行知到上海筹备办学（闻名全国的晓庄学校），那时万籁鸣已在商务印书馆工作。一次，他在电车上巧遇陶先生，执弟子礼甚恭。陶先生鼓励他说："听说你在试制动画片，这很好呀。我对动画片也很有兴趣，中国的方块字教学完全可以利用动画片！"陶先生一再嘱咐万籁鸣坚持把动画片搞下去。分手时，陶先生热情邀请他到家中做客。万籁鸣去了几次，由此认识了陶先生的母亲和他的夫人。1946 年陶行知谢世，万籁鸣泪流满面，逢人便说："陶先生为人师表，是大好人，是我遇到的最好的老师！可惜我与这位恩师相处的时间太短了！"

父亲与戏剧家洪深的师生情

马思猛

小京戏迷考上复旦大学中文系

1923 年秋，在北京二中读初中三年级的父亲已经迷上京剧，晚间经常独自外出看戏，爷爷屡禁不止，便下令把大门锁上，但父亲仍是痴心不灭，竟翻墙而去。后来索性彻底摆脱爷爷对他的管束，留书一封，中断学业离家出走，找到他的戏迷朋友张缪子，在张的介绍下开始为《维那斯》做校对，后又为上海《时报》撰写"北京通讯"，在琉璃厂一带租了一间公寓，晚上仍经常去地处不远的大栅栏戏院看戏，过起了自己的逍遥日子。爷爷对他也无计可施。

当时奶奶并没有住在北京，她因不习惯北方生活和气候而常去上海居住。1925 年旧历新年前夕，奶奶回京后发现父亲已离家出走一年不归，大为震怒，先把爷爷痛斥一顿："你连自己的儿子都管不了，还有什么用。"遂"下令"爷爷把父亲找回来。爷爷一向对奶奶温良恭俭让，对奶奶发脾气只好一声不响。随后他请同道好友徐森玉带了四叔马文冲和三姑马晶到琉璃厂把父亲找回来。奶奶见了父亲二话不说先把他痛打一顿，然后命他去给爷爷赔罪。按照奶奶定下的家规，父亲是要下跪的，而倔强的父亲在爷爷的面前立而不跪，只叫了一声"爹爹"，再也不语，当时把爷爷气得说不出话来，只是嘴唇发抖。后来父亲还被奶奶关了禁闭。鉴于这种状况，奶奶告诉爷爷："既然你管不了履儿（父亲小名），我把他带走。"父亲便随奶奶到了上海。

不久父亲考入了上海复旦大学中国文学系，当时他还没有完成中学学业。后来父亲一直以此为资本，在子女面前自我炫耀：我没读过高中就考上了上海复旦大学。在父亲的《年表》中堂而皇之写着北京大同中学毕业。大同中学乃今日北京之第二十四中学，是我的母校，而我从不曾听说当年大同中学有过一位叫马彦祥的戏剧家校友。后来才知道，父亲报考大学用的高中毕业证书是他托张镠子弄到的大同中学开出的假高中毕业证书。父亲曾告诉我："你爷爷对我痴迷京戏非常反对，他曾问我，戏能养活你一辈子吗？"接下来父亲又不无得意地说："想不到你爸爸真的吃了一辈子戏，还当了'戏官儿'。"

父亲在复旦大学的演剧活动

父亲在复旦大学除了学习中国文学系的必修课程外，还选修了外国文学系洪深、梁实秋教授的有关戏剧课程，这为他打下了坚实的戏剧理论基础，也由此开始走上话剧艺术的舞台。

1925 年春，中国文学系的几个热爱演剧的学生发起组织"复旦新剧社"，以演出话剧（当时称作爱美剧，后由洪深建议定为"话剧"）为主要活动。剧团成立后排了两出话剧：一出是熊佛西作的独幕话剧《青年的悲哀》。这出戏是反映处在大革命前夕的青年们在走上革命道路前的彷徨、苦恼与悲哀，教育青年们选择正确的道路。另一出是话剧

《春假》，其演出也受到好评。稍后，为了庆祝建校 20 周年，剧社又选了田汉创作的《咖啡店的一夜》来排演，马彦祥担任主角。

由于当时学校没有女生，故在剧社早期活动时期剧中女角色均由男生扮演。洪深对男扮女装深恶痛绝。复旦新剧社曾多次邀请他来给排戏，他总是推托，多次拒绝剧社的邀请。学生们为此给他起了别号"老夫子"，这个"尊称"竟伴随了洪深一生。直到 1926 年，学校开始招收女生，实行男女同校，他才主动找到复旦新剧社，要给剧社排戏，并建议把剧社名字中的"新"字去掉，正式改名为"复旦剧社"。这时父亲他们才明白洪深过去之所以不肯接受他们的邀请主要是因为剧社没有女演员，因为他一向是反对男扮女装的。

洪深第一次为剧社导演的是喜剧《女店主》，父亲参加了该剧演出。由于演出成功，剧社决定在校内体育馆（原址在今 500 号大楼与物理系之间，淞沪抗战毁于日军炮火）正式对外公演，门票每张二角，这是复旦剧社首次对外公演。

继《女店主》之后，剧社又排演朱端钧译的《寄生草》一剧，洪深先生再次担任导演。由于《寄生草》受到社会好评，剧社还到杭州公演，结果场场满座。

在此期间，父亲除了参加复旦剧社的活动外，还积极参加了朱穰丞领导的上海辛酉剧社的演出活动，在丁西林作的独幕剧《亲爱的丈夫》中扮演妻子，朱穰丞扮演丈夫。

洪深对父亲演剧活动的指导

父亲在《话剧运动的先行官——洪深》一文中对洪深有这样的认识和评价："洪深先生在戏剧方面的才能是多种多样的，他能编、能导、能演，还能管理舞台。在戏剧实践活动中，他无所不能，是位多面手……洪先生虽然在许多大学任过教，就我所知，他却从来没有开过专门教授表、导演课程。他认为要研究表演、导演艺术，只空谈理论是无济于事的，必须结合舞台实践进行实地的学习。"

父亲曾深情地回顾洪深老师在演剧方面对他的教诲。洪深为复旦剧社导演的第一个剧目是意大利哥尔多尼所作、焦菊隐翻译的《女店主》。在此之前，父亲在复旦新剧社时期已演过好几次戏，并多次扮演主要女角色，自以为是有些舞台经验的演员，这次洪深却派了父亲一个不很重要的角色——茶房范升。这个角色在剧中出场次数不少，但大多是过场戏，没有一场是让演员"过瘾"的戏，父亲心里有些不自在。有一天，排演刚结束，洪深突然找父亲谈话，他问父亲："**Mr.** 马，你对范升这个角色感兴趣吗？"父亲不明白他问话是什么意思，只得言不由衷地回答："很感兴趣。"洪深笑了笑："我看不见得。"听了这句话，父亲立刻想到排演前洪老师曾讲到"在排演场上，我是导演，你们是演员，演员必须无条件地听从导演的指挥"这句话，心里不免有些紧张，说："洪先生是不是说我排戏还不够认真？"洪身摇摇头说："不，我不是这个意思。你排戏很认真，台词也背得很熟，但是你的表演却毫无进步，你至今还没有钻进角色中去。"接着他就给父亲上了一节表演课。他说："你要知道，演员不是搬场汽车，不仅仅是把剧本中所规定的对话和动作照搬到舞台上就算尽了责任，演员是要有创造的。演员的创造就是要把剧作者所没有写在剧本里的东西挖掘出来，丰富它，发挥它，要有你自己创作的东西。"他还形象地比喻说："演戏好比挤柠檬汁，你一定要把最后一滴都挤出来，这样，你的人物才能显得饱满。"谈到范升这个具体人物时，他进一步启发父亲说："范升这个角色在全剧中接触的人物最多，出场的次数也最多，几乎每场都有他。他所接触的人物各有不同，所以他对每个人的态度、感情和反应也应该有所不同。现在你演的这个人物，对待每个人物的态度、和每个人物的关系却没有什么不同的变化，因此你觉得这个角色单调了，无戏可演了。其实这个角色的戏很多，而且复杂多变，只是你还没有挖掘出来就是了。"他这一席话，使父亲开了窍，初步懂得作为一个演员的职责。

父亲知道，洪深十分重视舞台上的整体表演。洪深最反对的是有些演员在舞台上只知照顾自己不知道帮助同台的其他演员。有些演员轮到自己时他就行动，就表演，一到别人有戏时，他就休息了，他不断地在台上跳进跳出。洪深认为，这样的演员的表演就不可能是连贯的，而全体演员也就不可能成为一个整体了。遇到这种情况，他总爱说一句话："Art of doing nothing"，就是说"不做什么的艺术"，或是"没有表演的艺术"。意思是一个演员只要一上了台，尽管没有动作，没有对话，也应该入戏，不能像旧京戏中跑龙套的演员那样，身在舞台上，心里却想着后台。

父亲深刻体会到洪深排戏的办法很多。因为当时演员的水平很不一样，所以洪深的排演方法也因人而异。有的舞台经验比较多的演员，导演只要稍加分析指点，他立刻就能心领神会。有的演员舞台经验比较少，甚至从未上过台，洪深就用演员生活中所经历过的经验来启发他，引导他。当他还不能领会的时候，洪深就示范表演给他看。洪深擅长表演，无论男女老少各种人物的各种动作，他都能做给你看。但他做完以后又立刻告诉你："我做给你看，只是让你理解我的意思，你不要完全学我。"

当年文艺圈内的人都知道父亲是洪深的得意弟子，而洪深对其门生管教起来更是严格。曾经有一件事情让父亲终生难忘。1930 年，父亲从广州回北平，路过上海，那时他已经离复旦一年多了。出于对老师的思念，他特地到母校去看望洪深，当时洪深正在给复旦剧社的同学导演法国新浪漫主义作家罗斯当的话剧《西哈诺》。这是一出古典剧，全剧五幕，需五堂布景，上场演员多达六七十人，而且选用的演员大多是没有登过台的新手。洪深自己不但担任导演，而且兼任主角西哈诺，从布景、服装以至化装的设计，都全部由其一人负责，工作实在是繁重。洪深见父亲去了，高兴地说："你来得正好，我既要担任导演，又要兼任主角，还要负责全部舞台工作，精力和时间都不允许。"他马上决定把西哈诺这个角色让给父亲来演。父亲本打算只做过门客，故极不情愿而推辞再三。当然是推辞不掉的，父亲只得勉强答应试试看。这是父亲第一次演外国古典剧。排演中，有一天排到第三幕，有一场戏是西哈诺需要跑着步上场，到了场上还要一边脱帽，一边行礼。洪先生做了个示范动作给父亲看，父亲随着照样地排了几遍，洪先生认为父亲的动作不够潇洒利落，当时就对在场的副导演朱端钧说："你替我看着他再排 20遍。"说完，自己到一边坐着读剧本去了。父亲这回可吃了大苦头，他服从导演一遍一遍地跑着，跑到大概是第 10 遍时，实在跑得很累了，而且，这样机械地做着模仿动作，显而易见是越做越不像样。父亲已是气喘吁吁，终于沉不住气了，说："洪先生，我已经排了 10 遍了，是不是请你来看看，好不好？"洪先生慢条斯理地回过头来说："好，那么你再走两遍吧！"无奈之下父亲只得再排两遍。当时，在旁边看排戏的几十位演职员也都看得纳闷，不知是怎么回事。等父亲排到第 12 遍时，洪先生才走过来。他并没要求父亲做给他看，而是说："今天就排到这里，明天再接着排。"等大家都散了，父亲苦笑着对洪先生说："今天你把我整苦了！"洪先生也回之一笑，说："对不起，这叫杀鸡吓猴。"接着又说："你不知道，现在这批演员，大都没有演戏经验，不知道排戏要这么认真，演员应该这么服从导演。你是复旦剧社老社员、老演员，今天我拿你开刀，做个样子给他们看看，作为一个演员就该这样无条件地听从导演的指挥。"父亲就这样充当了一次恩师的教具，被洪先生有意拿来开刀做示范的。

父亲清楚地记得：6 月 10 日，洪深为复旦剧社导演的《西哈诺》在复旦大学正式公演，父亲饰演主角西哈诺。演出大获成功。后来剧社到新中央大戏院演出时，父亲突病，洪深只得亲自出演，却不慎把脚摔伤，但他仍坚持演到终场。那次鲁迅也前往观看了此剧演出。

洪深对父亲的经济援助

父亲离开复旦大学开始了独立生活，家庭断绝了对他的经济支持。父亲此时没有固定的职业，只有靠为报社杂志撰稿谋生。在面临生活挑战、遇到困难的时候，洪深与父亲合作翻译了德国雷马克著名反战小说《西线无战事》，由平等书店出版。（注：平等书店系洪深个人出资印刷、出版此书时所挂书店名，实际上并无此书店。）长篇小说《西线无战事》，一炮打响，此书十分畅销，曾被再版 7 次。这不仅提高了父亲在文学界的知名度，也使得父亲在经济方面的困难得以缓解。为了帮助自己的得意门生摆脱困境，洪深把自己应得的那份售书所得利润让给了父亲。

1942 年，父亲应余上沅之邀去江安国立剧专任教。实际上，他的主要目的是陪伴他的老师洪深。那段日子，父亲闲时经常到洪家去和洪深聊天。

不辞辛苦为恩师办两件大事

1955 年，洪深患肺癌。8 月 29 日，洪深去世。

父亲决心要在自己有生之年为自己的恩师办两件大事：一是实现洪深想成为中共党员的夙愿；二是借洪深 90 周年诞辰之际举办一次洪深纪念会。

为还先师遗愿，1985 年初，他和洪深生前共事的同事和朋友联名写了一份申请书，要求中共中央追认已经仙逝 30 年的洪深为中共党员。申请书由邓大姐转递中组部。惜因洪老去世已久，申请书未能得到批准。

洪深 90 周年诞辰纪念会是由马彦祥抱病一手操办策划，他为此煞费心力。纪念会办得也很不顺心。原定在 4 月 24 日下午在政协礼堂三楼举行。那时一切都已准备停当，但不意李伯钊去世，其遗体告别仪式也安排在 24 日下午。这一下把父亲原来的设想都打乱了，纪念会的一切计划被全部推翻。因日期一改变，地点也不得不改变（地点是半月前定的）。而"剧代会"25 日闭幕，规定代表们在 25 日、26 日、27 日三天内离京。最后经过多方协商，决定地点不变（有个规格问题），日期改在 27 日下午，少数代表多留几天。不料 26 日忽然又发生新问题，中央书记处要用礼堂，纪念会地点不得不再一次改变，最后只得改在楼下大会议室举行。就这些事折腾得他几宵没有睡好觉。而 28 日的座谈会也不得不改在中国艺术研究院举行。

父亲将座谈会的发言进行整理，准备由全国政协文史资料委员会编一特辑出版。但遗憾的是《纪念会发言特辑》终未成书，而只在中国文史出版社出版的《文史资料选辑》第 113 辑上发表了父亲的《话剧运动的先行官——洪深》一文。这也是让父亲如骨鲠在喉、无法向友人交代的事情。

1986 年 5 月，父亲因患前列腺癌走上手术台，仅仅 1 年时间，父亲的身体就被彻底拖垮。父亲以 78 岁之病躯为自己的老师费尽心力，虽不尽如人意，但已无愧于恩师在天之灵。两年后父亲带着遗憾走了，他是追寻他的恩师洪深先生去了。

我的老师齐白石

————

娄师白

齐白石先生是名扬中外的艺术大师，是民族绘画传统的杰出继承者，也是我国写意画的创新者。由于他一生辛勤劳动，富于创造精神，遗留下难以数计的优秀作品，表现了中华民族的伟大气魄，同时也极大地丰富了世界绘画的艺术宝库。

1934 年，我拜齐白石先生为师，之后师徒一起生活了 20 余年。白石老师言传身教，他的为人、品德、创作和理论等许多方面都给我留下了永志难忘的印象。下面我就自己向白石老师学画的经历作一些回忆，希望青年朋友能从中看到齐白石先生严谨治学的精神，从而得到有益的启示。

齐白石先生的创作态度非常严肃认真，尤其画人物时，创作前一定要先起草稿，稿纸大都是利用旧包皮纸。一张草稿要改正多次，达到形象准确后才开始作画，而且在画的过程中，随画随改，以求尽美。每次老师画之后，叫我拿回家去照样临摹，画几张给他看，有时限定两天后就要临好。他将我的画和他的原作对照，指出哪些地方用笔对、用墨好，哪些地方不足。老师每画一幅新构图，总要反复地画两三遍，遇到他认为是得意之作，还要照样画五六张。他这样做，确实对我的学习大大有益。由于他画画的重复或改动，使我能全面了解他的创作过程，记忆他的构图，加深对他用笔用墨的体会。老师教我画画，是毫无保留的。从用炭条开始，直到最后完成，都让我在旁边看着，为他抻纸。时间一长，我便成了他的上下手。因为有这样的条件，再加上我的时间充裕，就是考上辅仁大学后，每日的功课也不多，所以每天待在老师家里，有时直到晚上9点他要睡觉时，才让我走。

我向老师学画，也是尽心尽意的。记得那时，我不仅学他的画学得像，就是老师在画画时的姿态，构思时眉头嘴角的小动作，我都学得很像。齐老的子女良迟、良己、良怜，都比我小几岁，我就故意做给他们看。连老师训斥他们的话，我也学得神气十足，他们没有不笑的。齐老曾在我的画上题曰："娄君之子少怀之心手何以似我，乃我螟蛉（即义子）乎！"但是老师又谆谆告诫我说："画画小技，人拾者则易，创造者则难。拾得者半年可得皮毛，欲自立成家，至少辛苦半世。"

每当老师画完一幅画，就把它和相同的作品一起挂在墙上，仔细观看。在这样的场合，他总要向我发问："你看哪幅最好？"如果我和老师的看法一样，他就捻着胡子一笑。我们的看法不同时，他就给我分析讲解。例如，一次老师画荷花鸳鸯，两张画基本上是一样的构图，只是荷花的姿态略有不同，颜色深浅也稍有不同。我说深色的这张好。老师说："在你看来，那张画上的花颜色重些好；而我看，是这张浅色的好。它好在这朵荷花的姿态与这对鸳鸯有呼应。"老师的这种教导方法，在绘画的意境上，给我启发很大。

每次看到老师的新作，尤其是他得意的作品，我总要拿回家去临摹几张，请老师指教。老师不仅看我临摹的画面相似不相似，还说明他作画用笔用墨的意义，使我听了领会更深。隔一些时，老师还将我的画与他画的同样题材的画对照着看，再指出我的画有哪些不足之处。老师说："临摹是初步学习笔墨的办法，不能只是对临，还要能够背临，才能记得深，但不要以临摹为能事。"他还说过："古人说，行万里路，读万卷书，我看还要有万石稿才行。"我体会老师这番话的意思，是教我不但要到实际生活中去观察体验，多读书，提高文艺修养，还要把凡是看到的好画都尽可能地临下来，作为创作的参考素材。

在这里我又想到老师对收藏字画的看法。他曾对我说："有些收藏家只注意画的真伪，却不着重看画的好坏，我看你不要学他们。只要画画得好，莫管它真假都可以买下来。"

大家都知道齐老画虾、蟹是很成功的。每逢夏秋市上卖虾、蟹的季节，老师总要买虾、蟹来吃。在旧社会，卖虾的人经常走街串巷地吆喝，老人听到卖虾的到了门口，就亲自走出门来挑选。他告诉我，对虾以青绿色的为最佳。老师买虾，有时一买就是一箩筐，除吃鲜的以外，还把虾晒起来。每次买来虾，他总要认真细致地观看一番。买到小河虾时，他也总要从中挑出几个大而活的河虾，放在笔洗中，细致地观察；有时还用笔杆去触动虾须，促虾跳跃，以取其神态。

当我学画虾时，先是照老师的画对临。老师看了我的画说："用笔不错，但用墨不活，浓淡不对，没有画出虾的透明的质感。"过了一段时间，老师又让我背临画虾给他看。他又给我指出，虾头与虾身比例不对，有形无神，要我仔细观察活虾的动作，对着活虾去画工细的写生。也就是通过临摹知道用笔墨后，还要通过写生去观察体现虾的神态。隔一段时间，老师又要我画虾，再指出虾须也应有动势。老师这样再三谆谆教导，使我不仅对虾的结构有所了解，同时对齐老画虾的用笔和表现手法，也就知道得更清楚了。

　　齐老早年画虾的过程可概括为三个阶段。他在五六十岁时画的虾，基本上是河虾的造型，但其质感和透明度不强，虾腿也显得瘦，虾的动态变化不大。到 70 岁后，他画虾一度把虾须加多，对虾壳的质感和透明感加强了。不久，他画虾又把虾头前面的短须省略，只保留了六条长须。从齐老画虾对造型的三次变革来看，说明他对事物观察的敏锐。他搞创作，从生活中汲取材料时，不仅观察了对象的结构、自然规律，更主要的是运用艺术规律抓住对象的特征。

　　在画虾塑造典型的过程中，我个人体会到，齐老的画法之所以一变再变，他的意图，首先是要不落前人窠臼，富于创造精神；另一点是他通过对生活的观察，要塑造出他理想中的艺术典型。我认为，齐老绘画创作的虾，是他对生活的体验、感受与他的主观愿望有机结合的成品。齐老常说，他年幼时为芦虾所欺。他的祖父说："芦虾竟敢欺吾儿乎！"原来是芦虾把他的脚给钳破了，这是他在生活中对于虾的认识的一个侧面。老师又常说，河虾虽味鲜，但不如对虾更丰满；对虾固然肥硕，但无河虾的长钳造型之美。这就说明齐老画虾的艺术创作，是有深厚的思想基础的。这正是齐老胆敢独创的动力。齐老塑造的生动的河虾兼对虾的形象，是取河虾及对虾各自的特征，按照齐老自己想象中的虾，而创造了虾的艺术典型形象。

　　老师喜食螃蟹。买到蟹后，他也是反复地观察。老师向我说："古人画蟹，多重视蟹钳，忽视蟹腿。而我画蟹，则主要是画好蟹的腿爪。"一次老师让我买蟹，我买回来之后，他把每个蟹腿都捏了捏，然后告诉我说："你买蟹，不要只看蟹的大小，要捏一下蟹腿是否饱满，腿硬则肥，腿瘪则瘦。"他向我指出，画蟹的腿爪，一是不要画成滚圆的，而应当画得扁而鼓、有棱角、饱满，要画出腿壳的质感来；二是要画出蟹横行的特点来，不要像蜘蛛那样向前爬。当他看到我画的蟹，特意给我指出没有画出横行的姿态，要我再细致地观察蟹腿的活动规律。他说八条蟹腿的活动，亦如人之四肢，左右活动差不多，左伸而右必屈，右伸而左必屈，但亦不可死用这个规律，如果死用这个规律，那又会失其生动的神态。他更提出要求，说画蟹腿最好能画出带毛的感觉来，这是用水墨的技巧达到较高的程度，才能画出来的，要想画好，只有不断地练习水墨功夫。

齐老说，画写意画没有细致的观察，就概括不出对象的神态；但是画得太细致，就和挂图一样，那就不是画了。他说："太似则媚俗，不似为欺世，妙在似与不似之间。"画好就好在似与不似之间，这是齐白石先生的画论，也是我学画的座右铭。

当我学画鹰的时候，老师曾教我说，画鹰要画它的英俊，注意嘴、眼、爪三处。又说："凡画鸟的眼珠，切莫要点个圆点，要用两笔点出既方又圆的黑眼珠来，这鸟眼就有神。"

我常常看到我的一些师兄们找白石老师看画，请他指教。老师看了一会儿，常说："也还要得。"很少给他们指出什么毛病，或提什么意见，态度比较和婉。而齐老对我这个最小的徒弟却很严格。对于我的画，无论是临摹的或是自创的，凡是他认为画得好的，就给我题词鼓励。老师曾在我画的几十幅画上题字，都不是我请求他题的，而是他自己主动题的，所以他写了"皆非所请，予见其善不能不言"。

但是，当老师看到我的画上有毛病，必定严肃地指出，有时还批评。我初学画工笔草虫时，老师看了我画的一只螳螂。他问："你数过螳螂翅上的细筋有多少根？仔细看过螳螂臂上的大刺吗？"我答不出来。老师又说："螳螂捕食的时候，全靠两臂上的大小刺来钳住小虫，但是你这大刺画的不是地方，它不但不能捕虫，相反还会刺伤自己的小臂。"可见老人对小虫观察入微，这是多么严肃的批评和教诲啊！

这样的事还有几件。一次，我看老师画鲤鱼，老师问我："鲤鱼身上有一条中线，它的鳞片有多少，你数过吗？"这一下问得我张口结舌，无法答对。老师循循善诱地告诉我有32片。又如虾的结构，是从第几节弯起？当老师问我的时候，我说是从虾身第四节弯起。老师满意地笑了，说："也还如得（也还不错）。"我初次看老师画牡丹时，只见老师在红花头上用焦墨点出了花蕊花心，然后又在花心外分散点了几点。我问老师，为什么在花心外，还点花蕊。老师告诉我："你要仔细看看牡丹，它的花蕊和菊花花蕊不同。菊花的花蕊只长在花心上，牡丹的花蕊是每一层花瓣下都有。你看'层层楼'品种牡丹的花蕊，就会看得更清楚了。"

1950年，人民画报社请白石老师画"和平鸽"。老师对我说："我过去只画过斑鸠，没有养过鸽子，也没有画过鸽子。这次他们要我画鸽子，我就请他们买只鸽子来仔细看看再讲。"当时我自作聪明地说，鸽子和斑鸠样子差不多，尽管去画。老师听了很不以为然，"嘿嘿"了两声，用他一双敏锐的眼睛看了我一眼，没说话。后来他把买来的鸽子放在院子里，反复观察鸽子行走的动态；又花费了一天的时间，到他的养鸽子的学生家里去熟悉鸽子的生活，观察鸽子飞起来落下去的动态。老师曾有这样一段话："凡大家作画，要胸中先有所见之物，然后下笔有神。故与可（北宋画家）以烛光取竹影，大涤子尝居清湘，方可空绝千古。"

每逢老师发现我学画不认真、不虚心，或者应付，画得不对的时候，他就说："我教你作画，就像给女孩子梳头一样，根根都给你梳通了。"老师尽心地教我，唯恐我不能体会。他的表白，使我非常感动，永远记在心上。正是在白石老师严格要求、亲身带领下，我亦步亦趋地学，才比较深地继承了老师的一些本领，在中国画的创作上有了一点成就。

难忘良师沈从文

王彦铭

每一想起沈从文先生，伴随往事浮上心头的，是他那令人终生难忘的话："人既必死，就当于生存时知所以生。"

写作课

早在中学时代就读过沈先生的作品，他笔下的人物、景色以及他传奇般的生活历程，使我心驰神往，思慕不已，而有缘相识，则是我在西南联大中文系读书的时候。那时他在系上任教，"各体文习作"是他开的一门必修课。

记得沈先生第一次到班上来上课，是 1942 年秋天的一个早上。他个子不高，体态匀称，穿一件灰色线呢长衫，戴一副近视眼镜，文质彬彬，丝毫看不出从小当兵、沅湘源泊的生活痕迹；讲一口带湖南口音的普通话，安详和蔼，轻言细语，讲课犹如与朋友谈心，完全没有传统课堂教学严肃刻板的习气。他一张口，便风趣地说："剃头是看得见摸得着普普通通的手艺，从烧水扫地到出师，还要学个三年五载。写作不但是技术，更是文化艺术，需要付出的时间、精力可以想见。"勉励我们要勤奋，有耐心，有韧劲。

对新文学运动的历史情况，茅盾、老舍、巴金、冰心、徐志摩、丁玲等人的作品，他讲来如数家珍，引人入胜，令你想见其人；汪静之、章衣萍、吴曙天这些人的代表作，讲课中涉笔成趣，偶尔也提到过。沈先生的课程讲求一个"练"字。我们那时少年气盛，随手挥写，而他对我们的习作总是仔细批改，认真到连标点的错误、行草字体的不规范都要注意，做出示范。他是大作家，尽可以疏略不计，匀出时间去搞自己的创作的。这是他用行为示意我们，"艺术起于至微"，差之毫厘，就会谬以千里。他不嫌我们稚嫩浮躁，悉心教诲，令我感佩不已。

沈先生的课堂讲授，重点在结合学生写作实际讲一些观察、体验、描写的知识。如讲人血和鸡血的气味是不同的；冬天的景色不一定是枯草，也有长绿草的时候，"十月小阳春"就长绿草。他说："文学非有独创不能存在，而独创，就要在别人没有发现的地方有发现。"对新文学作家的作品，他并非系统地讲，而是信手拈来，参考借鉴。他虚怀若谷，很少讲自己的作品，屡屡提到的却是萧乾的散文、废名（冯文炳）的小说。一旦学生有了佳作，他总是自己付邮资介绍给熟识的编辑发表。当你收到稿费时才知道有这么回事。

沈先生常借书给我们看。他自己的作品虽然一版再版，可翻开一看，依然是圈圈点点，多番修改。有一次我在一本书的天头上看到这样的题记："×月×日阅毕，手足如冰，觉人生可悯。"他笔下的人物、山水，特别是《边城》里摆渡老人和小孙女相依为命的亲情，如湘沅山林，弥漫着那种似雾非雾，似雨非雨，深邃迷蒙的凄婉之情。

现在看来，沈先生这种以练为主、讲练结合的教学方式之所以取得成效，是因它符合"实践、认识，再实践、再认识"的辩证认识规律的。

在大庭广众之中作政论性鼓动演说，非沈先生之所长，但学术性的演讲他都热心参与。如国文学会 1942 年春举办中国文学十二讲，沈先生主讲"短篇小说"；1944 年的"五四文艺晚会"，沈先生发表题为《五四以来小说的发展及其社会的关系》的演讲。其效果都很好，颇受听众的欢迎。

沈先生对爱好文艺的青年，不论系内系外，都乐于帮助，奖掖扶持。如当年受先生教诲、帮助，后来成为知名作家的汪曾祺，其散文小说明净简洁的风格，与先生一脉相承。又如诗人穆旦，译有俄罗斯文学奠基之作《叶夫盖尼·奥尼金》及《青铜骑士》《波尔塔瓦》等著名诗歌作品。至于刘北汜的散文、袁可嘉的诗作，读书时即已经常见报。

汪曾祺晚年谓沈先生之为人"无机心，少俗虑"。愚以为非参透人生世相者无以达此境界，非深知其人者不能有此评语。

桃园村

抗战期间，敌机肆虐，屡屡空袭昆明，沈先生家疏散在滇池之滨、风光秀丽、物产富庶的桃园村。师母张兆和在呈贡中学教英文，步行到学校不过半个小时，沈先生进城上课，来往也还方便。不过为了节约时间，先生每周总有两三天住在城里，昆明城内北门街、青云街、文化巷昆北院等处的联大教师宿舍，他都曾住过。北门城楼悬有一匾，上书"望京楼"，他曾饶有兴味地为北门街景作过文艺描绘。

沈先生租住的农家小院是昆明传统的"三间两耳"民居，家具都是房东连屋子一并租借给他们的。庭院不大，干净整洁，"堂屋"是一家人吃饭、会客、休闲的地方，靠后墙两侧有一间平房是厨房，一间是藏书室。藏书室四边架子上放着古今中外各种图书、杂著，还有一束贝叶佛经。这种薄如纸张形似菖蒲叶的东西，是贝多罗树的叶子，传说释迦牟尼悟道后在菩提树下讲经，弟子用作笔记的就是这种东西。沈先生购得这宗文物的时候，曾带到课堂上给我们观赏，高兴得孩子似的。

这便是沈先生一家五口在昆明生活的地方。夫妇俩在这里读书、写作、批改作业和文稿，处理来往信函。沈先生抗战时期的著作，包括描绘云南山水风物的创作，大都在这农家小院里写成。他擅长书法艺术，章草行草，并皆精妙，"一二·一"死难四烈士纪念碑《自由颂》刻石即他之所书。创作、读书、写字、观赏文物，都寄托着他的生活情趣。先生的两个小孩，龙珠、虎雏也在这里成长。

沈先生爱书，好客。村里人来借书，无不有求必应。他与房东、邻里相处融洽，直到晚年仍很怀念云南、昆明时的一切。

最后一面

联大复员北迁之后，几十年和沈先生没有通过音讯，很是想念。1978 年底我因事到北京，那时"文革"刚过，百废待兴，不少"权威"人士仍在过着可以称之为"后牛棚阶段"的日子。我探访了两三个旧时同学。北大的吕德申学长告诉我，沈先生现在家居两处，都是"文革"中单位分的房子。故宫博物院分给沈先生的一间，在东堂子胡同；人民出版社分给兆和师母的两间，在小羊宜宾胡同。国务院下达《中国古代服饰研究》的编撰任务，今年重新启动，家里搞不了，沈先生被分配到西郊友谊宾馆一套房子里去工作，现在正值定稿之际，时间很紧。不过德申学长还是为我与沈先生通了电话，约定在 1979 年元月 10 日晚上在宾馆相见。

我们如期到达友谊宾馆时，天色已晚。里面警卫森严，先在传达室往里通了电话，得到许可之后，警卫人员才指引着我们走过大院到达沈先生的工作间。白发苍苍的老人已经站在客厅门口，多少年了，他待学生仍像往常那样谦和温厚，丝毫没有尊长的架子。敬佩、感动和喜悦的情绪激动着我，连忙和德申迎上去向他问候。到里间坐下，看到先生不仅头发、连眉毛都已雪白，身体也微微有点状似水肿的发胖，令人感到岁月之无情。

进京之前，我在昆明参加过一次全国性的外国文学学术座谈会。著名文化人、原文化部副部长陈荒煤在会上深感人才培养的紧迫，他沉痛地说："我一个月就参加了五六个追悼会，追念故人，不胜伤感。"不久，陈老在谈到青黄不接的严重情况时举例说："外国要求派留学生来研究沈从文的创作，我们谢绝了，因为没有指导的人。"

那天我们得知他的《中国古代服饰研究》修订工作刚好完成。十数载辛勤劳作，苦心焦虑，历经种种磨难，终于取得预期成果，沈先生心情自是十分高兴。不过这时他所关注的中心已转向历史、文化、考古和民俗的研究，谈话的兴味也在这个方面。他说他到过江陵，那里是楚国都城郢都旧址，那里有几百座古墓尚待发掘。地下文物是历史见证，对了解我国人民在那个时代、那个地区生产劳动、繁衍生息情况有重大的科研价值。顺便也说到政府给他配备的助手年轻有为，是长沙马王堆汉墓考古工作队的支部书记，能吃苦、爱学习，很有发展前途。沈先生仍如过去一样，寄厚望于青年一代。

科教耆宿李书田的人生追求

王英春

李书田先生离开我们已经十多个春秋了，但作为世界知名教育家和工程学家，其虽声名赫赫，对中国、对世界科教事业的发展，所做出的贡献，却因种种原因，在国内鲜有人知。

少年立志 学有所成

李书田，字耕砚，1900 年 2 月 10 日生于河北省卢龙县的一个书香世家。科举时代，李氏家族不乏功名之士，文武人才并出。

出身于这种家庭，书田自幼即受到传统文化的熏陶，特别是其父亲深悔自己未好好读书，饱尝文化水平低遭人冷眼的痛苦，发誓让后人学有所成，以"光大门庭，荣宗耀祖"。为此，其父专设家塾，延师教读子女，且督之甚严。故从懂事开始，资质聪颖的书田即习文练武。从《千字文》《百家姓》到唐诗宋词，从四书五经到历代古文，他广泛涉猎，打下了深厚扎实的国学根底。

1913 年，李书田考入设于永平府城卢龙的直隶省立第四中学。卢龙自古即为滦河、青龙河汇交之地，由于河道失治，每逢夏季，两河常常肆虐、溢出河床，两岸黎民百姓惨遭水患之苦，为了生计，不得不卖儿鬻女。这种悲惨的现状，震撼着他的心灵，从那时起，他就利用业余时间，潜心阅读《山海经》《水经注》《舆地广记》等古代地理著作，并暗下决心，将来定要兴修水利、造福民生。

1917 年，李书田以优异的成绩，考入了北洋大学，与陈立夫、曾养甫、叶秀峰、周志宏等同学共读。在这里，他如鱼得水，勤奋攻读。在校学期成绩、学年成绩、毕业成绩，始终独占鳌头。1923 年，李书田荣膺"中国斐陶斐励学会会员"，并考取了清华大学官费赴美名额，进入康奈尔大学研究生院，继续攻读土木工程。在美学习三载。1926 年，他以一部 60 万字的《铁道管理工程经济》一书，荣获康奈尔大学哲学博士学位。跟随世界著名工程师瓦代尔博士，做桥梁设计工作。后又自费赴欧进修，到英、法、捷、德、匈、奥、比、荷、瑞士等国游学考察，参观各国港埠、桥梁、库坝等大型工程，了解掌握当时世界土木工程界的最新知识与研究动态。

1927 年应刘仙洲之邀到母校——北洋大学任教，开始了他长达 60 年的教学、科研生涯。

投身教育　肇元奠基

李书田对教育一往情深，在事业上体现出一种超俗的执着。在国内，李书田先后担任过北洋工学院（今天津大学）、唐山土木工程学院（今西南交通大学）院长，创建了西北联大、西北工学院、西昌技艺专科学校（今西昌农业高等专科学校）、贵州农工学院、贵州大学、北洋工学院西京分院等院校，任院校长之职。为了教育，他敢于与国民党政府"顶着干""对着干";为了教育,他多次请愿,募捐办学;为了教育,他可以不顾家庭。

北洋工学院,前身为北洋大学,1928 年更名,1937 年西迁后与其他院校工学院合并改称西北工学院。为恢复北洋大学这一具有历史意义的名称,李书田等校友殚精竭虑、四处奔波。在 1940 年中国工程师学会及各专门工程师学会上,他率先提出私立募捐办学复校的建议,得到一致响应,并被推举为筹委会总干事与院长。此后,他积极开展复校活动。迫于压力,国民政府不得已将浙江英士大学工学院划出,更名为北洋工学院;李书田则以部分捐款在西安成立了西京分院。抗战胜利后,北洋大学得以复校,但教育部却令西京分院留守西安、不得东迁。李书田坚决反对,克服重重艰难险阻,率师生奔波千里,首先返津,为北洋大学的恢复与重建工作做出了杰出贡献。

李书田素以治学严谨著称于世。无论其执掌哪所院校,均以"研究高深学术、培养专门人才"为办学宗旨,从聘任教师到招收学员,从教师授业到学生学习皆制定有完备详尽的规章制度和记录,坚持"宁缺毋滥、重质不重量、贵精不贵多"的方针,严格要求,使得教师致力于教研,学生专心于学业。

在天津大学,师生们至今还流传着他考教师的佳话。美籍教师薛笃克教学效果欠佳,学生有意见。李书田在与薛谈话后,张贴布告:"该教授承认错误,许诺改进……"他考一英语教授的教学效果,竟找来该师,说:"咱二人对考,你考倒了我,就续聘你,否则就解聘你。"类似的例子不胜枚举。这虽不近人情,但确保了教师的教学质量。在教学方针上,他明确主张理论与实践相结合,教学内容要随科技进步而更新。他很赞赏《公羊传》中"巧心劳手成器物曰工"这句格言。他认为只"巧心"而不"劳手",是只有学理而无实验的理论家,若一旦遇到具体问题，就难免不切实际、纸上谈兵，而无从着手解决；只"劳手"而不"巧心"，是只有实践而无学理的老木匠，只知仿做，一旦问其所以然，则茫然不知，无从说出子丑寅卯，无益于知识的传播与文明的进步。因此，为使学生掌握本专业的基本技能，培养其实际应用与操作能力，他总是竭尽所能，利用各种方式、渠道，加强课堂理论传授与生产实践的结合，从而为中国国民经济的发展培养了大批优秀人才。其中，绝大多数成为新中国各条战线的栋梁，如叶培大、苑文炳、杜锡钰等，有一些成为蜚声世界的科学大师，如林同炎、林同桦、史绍熙等；至于走上行政岗位后，成为党和政府的领导干部者，也不乏其人。正因如此，天津大学原校长、中科院学部委员史绍熙称其"为祖国高教事业作出了卓越贡献"，尊其为中国现代高等教育的一位拓荒者、奠基者，实乃当之无愧。

1950 年，李书田只身离开台湾，远渡重洋，来到美国纽约，先后在儒特格尔斯大学、南达州矿机大学任教。为使教学内容与教学管理跟上时代的步伐，继获哲学、土木工程两个博士学位后，又于古稀之年，毅然自学地质博士课程，并获学位。

尤为称道的是，李书田 1972 年退休之后，仍老骥伏枥、志在千里。他先后联系 130 位国际上威望高的知名教授，如林同炎、史绍熙等学者做导师，创立了世界开明大学——李氏科研院。该校设文、理、工、管理 4 个研究生院，下设 37 个专业，以通信方式指导科研工作，辅导论文写作。经美国教育部门批准，该校有权授予生员硕士、博士学位。到1988 年李书田先生去世，该校已成为国际知名的学府，在世界上 17 个国家设立 33 个分校，为各国培养了上万名高级人才，诚可谓弟子遍五洲。北京的北洋校友曾一度筹划承办在华分校，可惜因先生仙逝而停顿。

书田先生曾讲过："自私是只考虑自己和自己的家庭，我一生追求的就是面向全世界。我要用我毕生的财富，奖励那些优秀的专家、学者，为祖国、为全世界培养高科技人才，发展科技事业，尽绵薄之力。"事实也的确如此。他一生布衣粗食，而其晚年自奉甚俭，受其捐助的师生不计其数，家中竟无汽车、电话和电视，却在临终时，将上百万美元资产捐赠给开明大学。

为纪念先生，开明大学已更名为李书田基金会，依其遗愿专门颁发"李书田奖"。这是以中国人命名的在美颁发的第一份国际科技奖。美国科学院院士欧威曼博士是该奖的第一位获奖者。如今该奖已颁发 10 余年，有多位华裔学者获此殊荣。

矢志工程　享誉寰宇

1927 年 10 月，李书田被时任顺直水利委员会会长的熊希龄聘为秘书长，主持日常工作。此时，先生兼任北洋大学讲师。1928 年该会改组为华北水利委员会后，他仍袭旧职。

鉴于"近数十年来，河流失治，旱涝频仍。全国富庶之区，如辽河、永定河、黄河、大运河、淮河、扬子江、珠江等流域，几已无年不遭水患"与水政混乱、河政腐败的现状，李书田痛心疾首。从 1928 年开始，他便酝酿组织中国水利工程师协会。为此不辞辛苦、奔走呼号，广联水利工程同人，于 1931 年 4 月 22 日成立中国水利工程学会（中国水利协会的前身），茅以升、张含英、沈百先等 9 人为董事会会员，公推水利界前辈李仪祉为会长，李书田为副会长。任内，他创办了《水利》月刊；编写了新中国成立前中国水利方面的权威著作——《中国水利问题》；在北洋工学院设立中国第一水工试验所，开创水利工程试验之先河；并且在推动统一全国水利学政与水利立法、促进水利科学研究、整理历代治水文献，培养水利人才方面，发挥了重要作用，做出了很大贡献。

黄河是中国的母亲河，是中华文明的摇篮。书田先生对它怀有浓厚的感情。从 1934 年起即与茅以升等 9 人同为黄河水利委员会委员，并于 1943 年担任副委员长职务，直至 1948 年任北洋大学工学院院长。他锲而不舍地致力于黄河治本的勘测研究工作，指导参与了"渭河治理"、"黄河下游治理"、"宁夏灌区的改建与发展"等重要工程的规划设计；围绕黄河治理与水资源综合利用，认真探讨黄河的变迁和历代治河方案，撰写了《中国历代治河名人录及其事迹述略》《中国治河原理与工程用具发明考》《华北水利资源概况》等文章；根据历史经验，参考多方献策，提出根治黄河水患需标本兼治。在修建水库、做好清淤、加高下游河堤的同时，注重中游水土保持工作，广泛植树造林。黄河开发利用需结合防洪、灌溉、航运、发电、围垦等方面，统筹兼顾、综合考虑，量力而行。李书田的治黄指导思想在《大公报》刊发后，毛泽东极为欣赏，曾嘱周恩来设法罗致，欲委以重任；周恩来亦曾通过相关渠道多次致函李书田，因先生对中共统战政策不甚了解，遂失之交臂，流离他乡。

为表彰李书田对中国水利事业发展做出的贡献，抗战胜利后，国民党政府曾授予他"胜利勋章"与一等金色水利奖章，这无疑是对先生从事水利研究工作的肯定。

自强、自立、自信、自重的性格决定了书田先生一生的追求。50 年代赴美后，他在结构分析、预应力混凝土桩、空档级配混凝土等工程课题研究方面取得了显著成绩，成为世界知名的工程学家，荣膺美国"土木工程师协会"正会员、美国土木工程学会正会员称号；并于 60 年代初当选为美国桥梁与结构工程学会会长，这是华人在美国首次担任的最高学术团体职务（此时，他尚未加入美籍）。此时，他曾主持了 3 次国际混凝土学术研讨会，以享誉世界的钢筋混凝土专家身份，多次出访、参加各种国际会议，并将美国土木工程师学会编的不定期刊物《建筑》改造成定期出版的世界驰名的学术期刊。

为表彰李书田对美国建筑业发展做出的杰出贡献，1971 年美国土木工程学会授予其"荣誉会员"称号，在该会 100 多年的历史上，他是第 61 位获此荣誉的专家。同年，即将退休的书田先生为领取退休保险金的需要，不得不加入美国国籍。1973 年，美国国会礼聘其为国会咨询部特邀顾问。1975 年美国土木工程学会又授其"终身会员"资格。

业精于勤　著述等身

李书田的朋友、同事、学生对他学问之广博、反应之敏捷、悟性之高、记忆力之强深为叹服。书田先生的禀赋，或许我们很多人不具备也学不到，但他那超常的勤奋，无疑是应该而且永远必须学习的。

在北洋内迁学校创办伊始，生活条件极端困难、千头万绪均需应付的环境下，他仍每晨秉烛读一篇古文，每晚又秉烛读一篇英文。据其女李淑贞（新疆克拉玛依市政协原副主席、统战部部长）回忆：在她早年印象中，父亲除了上班以外，唯一的兴趣就是读书。"书房的书真多，中文的、外文的、线装古书、近代精装的，应有尽有。几千册图书是他毕生的财富，许多都是原版的，有些已经绝版了。星期天别人家孩子的父亲带他们逛公园、看戏、看电影……而我们家从来也没有过。对我们的教育就是七个字：'读书''读书''再读书'。"而其子李次耕回忆父亲晚年时，"虽病疴缠身，每年均需住院五六次，但痊愈后，仍是每早六点或六点半起床，吃过早饭，就去办公室，一直工作到晚上七点。他戴着老花镜，不停地工作。直到他去世的前一天，他还在罗斯大厦的办公室里工作……"他的朋友乔治·莫尔博士说："他体现了竭尽所能艰苦工作和学术卓越屡经磨难的真实价值。"

正是缘于这种勤奋，书田先生作为一位世界级学者，在从事教学与行政管理之余，以其满腹才华和生花妙笔，为知识宝库留下了宝贵的财富。其字取名耕砚，即寓意以书为田地，投身科研教育，用砚台来笔耕，推动人类进步。综其一生，著有《铁道运行工程》《经济论》《水利学》等 13 部著作与《对数图解洪水流量计算法》等 800 余篇论文、调查报告在 17 个国家发表。

作为一代大师，书田先生在学术研究上从来直言不讳，对于与自己不同的意见、观点，也总是坦诚相见。对于一些向他请教的年轻人，尽管问题不大，甚至有些浅薄，他也不予轻屑，更不以自己的学问骄人，而是循循善诱、问一答十，把他们的问题和思考引向深入，为后辈学者树立了楷模。正因为如此，其后人中才出现了 18 位博士，成为一个罕见的科教世家，他外孙朱棣文博士——第五位华裔诺贝尔奖获得者在接受新华社和《人民日报》记者采访时，问及成功之道，他认为"他的家庭对他的影响是很大的"，这自然包含了对其外祖父的肯定。

情系中华　懿风永垂

李书田留学欧美，熟谙西方文化。获博士学位后，欧美等国许多单位对他这样的俊彦之士纷纷许以高薪聘请，但他却毅然辞谢，满怀赤诚的爱国之心，回到祖国。据杜锡钰（北方交大原副校长、博士研究生导师）回忆："李师身为国民党北洋大学区分部主任，却在会上讲，'你是共产党也好、国民党也好，好好念书就行'，并贯彻始终。"这种观点，脱离政治，固然不切实际，但在当时，却以此掩护了一大批学习好的进步学子，使学生运动得以蓬勃发展。特别是在日寇侵华、国家民族遭受浩劫之时，先生抛妻别子，只身西下，殚精竭虑而四处奔波，独任艰巨，相继创建了西北联大、西北工学院等6所高校，使弦歌之声不绝。北洋复校后，在"要校长""要经费"运动中，他目睹蒋介石政府的腐败无能及由于内战造成的恶性通货膨胀与教育经费无保障的现状，坚决支持学生请愿代表马汝良等人，使得运动圆满结束。

书田先生晚年欣逢祖国改革开放。在写给国内子女的信中，他屡屡赞颂中共政策之英明、伟大，谆谆教导后人要认真学习邓小平百折不挠的精神，做一名对国家建设有用之干才；并竭尽所能提供各种优惠待遇，供北洋学子及其后人入读开明大学研究生院深造成材。

树高千丈、叶落归根。年事渐高，李书田日益思念祖国、思念亲人。1983年，其女李淑贞代表石油部赴香港为各油田成立开发实验室向国外厂商定货。他得知消息后，特别来信，嘱她谨防假冒伪劣产品，千万不要受骗，让国家遭受损失。爱国之心，溢于言表。1985年，李淑贞赴美考察，石油部领导嘱她看望这位知名的科教耆宿。分别近40载的父女见面后，父亲的第一句话，不是嘘寒问暖、询问国内亲友状况，而是问："邓小平先生好吗？""邓颖超女士好吗？"虽出人意外，却在至情至理之中，可见这两位国家领导人在他心目中的位置是何等之高！特别是在他耄耋之年，专门致函中组部，请求派一学界名流接受自己一生的心血结晶——世界开明大学，这需要何种胆识与魄力！

书田先生虽身居异乡，却时刻关注国内形势。对祖国与母校翻天覆地的变化，他曾多次赋诗作词予以称颂。1981年，他曾寄给上海北洋校友会一长联：

佳音朝发沪上，集数百学友必能气吞江河。凤忆母校北洋，乙未肇始，八五已是去年，务使千秋不朽。但惜愚拙末微，仅独创开明校院，团集四洲百二贤师，仍信守实事求是校训。

复讯夕应橘城，唯一介孤身不克声壮山岳。常怀故国东篱，辛亥建规，七十恰逢今岁，愿祝万寿无疆。殷望诸君鼎立，咸群策华夏国家，启迪五族千亿才智，永弘扬儒道民生国魂。

"孤岛" 往事

——抗战洪流中的教育家陈鹤琴

———

柯小卫

　　1937 年 8 月 13 日，日军向上海发起进攻。随着战火的蔓延，百万难民从闸北、浦东涌入上海公共租界和法租界、英租界及南市安全区，在南京路、霞飞路等昔日繁华地区，到处可见流离失所的难民，形容枯槁的妇孺和衣衫褴褛的儿童，蜷曲在路边或沿街乞讨。外白渡桥上挤满逃难的人流；徐家汇慈云桥畔，难民们躺在地上，向不远处法租界的铁栅内投去渴望的目光。无家可归、无处存身的人们坐在人行道上、躺在商店的橱窗前面，他们的身边堆满大包小包的行李、皮箱，有的难民的全部家当只剩下一个布包或一条草席，他们面临的是饥饿、寒冷和疾病（刊载于《立报》1937 年 10 月）。有记载，1937 年 10 月初，上海的难民不下 130 万人，涌入租界的最高峰时达 70 万人次。在 70 年前的那个闷热夏天里，在隆隆作响的爆炸声中，曾发生过一场中国现代史上最大规模的难民救助运动。

　　本文主人公陈鹤琴先生是这场全社会各阶层广泛参与运动的主角之

一，他的热情、他的精神和他所做出的贡献被记载于史册。

社会大救助

随着大量难民涌入，数以百计的难民收容所、救济所布满了上海市区各处，在"节约救难"口号下，各种形式的募捐、义演、义卖、义赛等活动广泛开展。人们将救助难民作为救亡运动的重要组成部分。此时，中共地下党组织仍处于秘密活动状态，他们将难民救济作为阵地，成为难民救助推动力量。他们派出干部深入难民收容所，把工作做到社会的各方面，他们的影响无处不在。

由黄涵之、赵朴初等人主持的"慈联会"和仁济堂是当时影响最大的慈善团体之一。"慈联会"（全名为慈善团体联合救灾会）是国民党社会局和民间机构共同成立的慈善团体；仁济堂是有 200 多年历史的慈善机构，也是上海慈善团体的联合办公地点。"慈联会"的主要工作通过仁济堂开展。黄涵之先生是虔诚的佛教徒，在慈善界很有号召力，他的助手、年轻的居士赵朴初当时只有 30 岁，担任中国佛教会的主任秘书，不仅造诣深厚，人也富于热忱，在沪上十分知名。8 月 14 日下午，"大世界"发生爆炸，"慈联会"的工作人员吓得四下逃散，身为"慈联会"负责人之一的市府社会局长潘公展不知去向。赵朴初等出门一看，已有近千名难民拥在仁济堂门口，哭声响成一片，境遇十分悲惨。此时天色已晚，赵朴初和吴大琨各执一面红十字会小旗对难民说："跟我们走！"在苍凉的晚风中，他们带领难民沿着云南路、西藏路一直向北行进，先后在宁波同乡会和金城大戏院、天蟾舞台、共舞台等十多个地方将难民安顿下来。赵朴初等人的这一义举一度被传为佳话。有记载说，当时由"慈联会"和仁济堂建立的难民收容所先后有几十处。

法租界的天主教神父饶家驹也是难民救助的积极参与者，他身兼国际红十字会副主席、难民委员会主席。他对中国怀有很深的感情，在"一·二八"事变中，他曾为抢救中国伤兵被打断一只手。他被称为"中国难民之友"、"人道的战士"，他与英国人 M. N. 杜德先生一起，为难民救助争取了很多国际援助。

工部局华员俱乐部，由在上海工部局工作的中国职员组成。"八一三"后，这些平日里西服革履的"高级华人"成立了募捐总队，奚玉书为募捐总队长，陈鹤琴为副总队长。他们连日奔波，救济难民和救济伤兵。"工华"还成立了难童教育委员会，由陈选善任主席。

成千上万散落在城市各个角落的难民，由于栖身在外和文化程度低，不少人是文盲；许多年轻难民整日躺在难民营内，无事可干，依赖救助，情绪低落。怎样使他们成为社会一员和民族事业的有用之才，开展难民教育成为各界有识之士共同关注的现实问题。此时，国军已经西撤，上海租界成为"孤岛"。人们不由自主地把目光投向了一个人。

他就是时任工部局华人教育处处长的教育家陈鹤琴。

难民教育

在陈鹤琴发表的一篇介绍难民教育情况的文章里，这样写道：

难民问题是不能单靠给饭吃、给衣穿和给住宿就能全部解决的。他们的时间和精力应该被最好的运用。只有慈善的施舍，而没有教育和工作，就可能产生乞丐，因此给难民适当的教育和有益的工作是非常重要的。

1937 年 11 月，国际红十字会指派了一个委员会从事上海的难民教育，陈鹤琴先后担任上海国际红十字会教育委员会主任和上海国际救济协会教育组负责人。他的另一个重要身份是慈联会难民教育委员会主任，副主任由沪江大学校长刘湛恩担任，委员有陈选善、赵朴初、姚惠泉、何清儒、韦捧丹（韦悫）、陈望道、陆高谊；总干事由赵朴初兼任。委员会与慈联会救济难民委员会并列，统筹慈联会所属各难民收容所的难民教育事宜。由赵朴初介绍，朱启銮和杨昌镛、周克、吴宝龄、丁佩瑜五人担任委员会干事。陈鹤琴提出聘请他们为公共租界华人教育处义务视察，使他们能够以合法身份开展工作。朱启銮的秘密身份是中共地下党组织的党团书记，杨昌镛、周克等人也都是中共地下党员。赵朴初曾回忆道："那时候，上海地下党处于秘密状态，我做难民工作的四年里，没有一个暴露自己的党员身份，也没人传达党的意思，要我办什么事。我始终不知道谁是共产党员，只是猜想某某某可能是有关系的。"与赵朴初共同主持难民教育的陈鹤琴也是一样，主动站在了民族、国家和人民一边，承担起战时教育家的使命和责任。

　　难民教育分三个方面进行：儿童教育、成人教育、职业教育。各难民收容所的条件都很简陋，没有桌椅，也缺少经费，陈鹤琴以自己的声望募来经费，借附近小学教室上课，使儿童得以在较好的环境里学习；在成人教育方面，陈鹤琴主张组织难民积极参加职业训练，方式包括课堂指导、讲课、体育锻炼、看电影和讲故事，尤其注重人格锻炼和卫生习惯的培养。很多收容所成立男、女班，免费放映与教育和卫生相关的电影；在职业教育方面，有的收容所组织妇女刺绣，生产产品；青壮年则被组织起来参与制造和推销工作。陈鹤琴还亲自指导和主持，在北区的慈愿收容所成立了一个玩具工厂。1938 年夏天，"慈联会"在宁波路（河套路口）190 号川康实业银行大楼路的一个收容所里，以职业教育名义，开办无线电报务员训练班，学员从表现较好又具有小学毕业程度的难童中挑选，先后办了二期，培训合格学员 50 余人，其中 38 人由八路军上海办事处输送到新四军部队。由于陈鹤琴是沪上知名的教育家，又在工部局负责华人教育，因此训练班办得很顺利。1939年，在无线电报务员训练班的基础上，赵朴初与陈鹤琴商量，成立慈联职业中学，招收慈联会所属各难民收容所的难童学习文化和职业技能，先后入学有二三百人，其中毕业后参加江南抗日义勇军的有数十人。

1939年6月，陈鹤琴与陈选善、许德良、朱泽甫、凌集熙等共同发起成立上海市成人义务教育促进会，陈鹤琴任理事长。该会开办8所成人义务学校，主要对象是14岁以上工人及失学青年和家庭妇女；宗旨是学习文化、扫除文盲，进行爱国主义教育，提高民族意识。

儿童保育会和报童学校

陈鹤琴是有名望的儿童教育家和儿童心理学家，儿童的权利、儿童的保育被他视为自己的使命和生命中最重要的部分。他向社会大声疾呼保护儿童。儿童，尤其是战火下的儿童，在他心目中是第一位的。他为报纸的难民问题特刊题词："保育民族幼苗"。他曾有过一个梦想，在不远的将来着手建立儿童教育研究所、儿童图书馆、儿童博物馆，等等。然而无情的战火粉碎了他的梦想。摆在他面前的严峻现实是，全上海几百个收容所中有几万名难童需要实施救助、教育。

为办难童小学，陈鹤琴亲自下到芦棚里。他看到许多难童学生因要靠捡菜皮充饥谋生，而不能来上课，心中非常难过，他四处奔走为难童们弄到口粮，使他们能继续上课。他还在自己家中客厅办了一个街童识字班，让自己的子女担任"小先生"，"即知即传人"。他教育子女要乐于助人，参加力所能及的社会服务和公益工作，为抗战出力。不久，由陈鹤琴、黄定慧等发起成立"儿童保育会"，并创办了上海儿童保育院。由"儿童保育会"创办十所报童学校和两个报贩成人班，聘请朱泽甫担任报童学校校长，并招聘社会上许多失业教师或失学青年担任教师。朱泽甫也是中共地下党员，在所招聘的教师中，有许多人是地下党员和进步青年。自1938年后许多报童学校陆续办了起来，从外滩到静安寺，从杨树浦到曹家渡，从公共租界到法租界，因地制宜，分点设校。报童学校的课本由陈鹤琴亲自编写；办校经费由他出面向社会募捐。陈鹤琴还请来韦悫、胡愈之、沈体兰、吴大琨、王任叔等知名人士给师生们演讲；请来音乐家刘良模、陈歌辛教唱救亡歌曲。

当时，由史量才主持的《申报》馆主动捐出一笔钱，让报童们穿着报馆特制的草绿色马夹，背面印制《申报》标志，上街卖报。报童们唱着《卖报歌》奔走于上海的街道和弄堂里。后来，汪精卫在上海的汉奸报纸《中华日报》曾受到全上海报贩、报童们的抵制。在报童学校里，采取混合编班。谁是谁的好朋友座位靠近，识字的教不识字的，程度高的教程度低的。这是按照陶行知先生的主张，运用小先生教学法，会的教人，不会的跟人学。成人报贩和报童在教师的指导下读报纸的新闻和文章，然后讨论，课外读物相互交流。报童学校还组织运动会和演出活动。

当时，在租界宣传抗日被视为非法。当报童学校的教师因参加进步活动被租界当局拘捕，由陈鹤琴以自己特殊身份出面保释、营救。有人记述了一个场面：有一天，工部局一个英国负责人把被捕的两个青年找来谈话，陈鹤琴也在场。陈鹤琴对英国人说："这些青年为教育难民做一些工作，是很不容易的！"英国人问："你们为什么要教这种文字？"有人回答："可以很快地识字，扫除文盲。"英国人又问："你们知道吗，这种文字是宣传共产主义的！在租界里不准宣传共产主义！"陈鹤琴哈哈大笑起来。英国人奇怪地问道："陈先生你为何发笑啊？"陈鹤琴说道："任何文字都是一种工具，谁都可以用。先生当然了解，马克思的许多著作不是用贵国的英文出版的吗？那么英文能够说是宣传共产主义的吗？"英国人被说得无言以对。后来，陈鹤琴几经周折，才将这两位青年营救出来。

他们所说的文字是汉语拉丁化新文字。

最后一课

拉丁化新文字是 1931 年在苏联的中国共产党人吴玉章、林伯渠、萧三与苏联汉学家根据瞿秋白拟定的草案而拟定。最初的目的，是用来扫除侨居苏联的 10 万中国工人文盲。

在难民教育开展伊始，如何使更多难民尽快克服汉字笔画繁、难记忆的障碍，以达到普及教育、开启民智的目标？这时，拉丁化新文字运动引起了陈鹤琴极大的关注，也启发他找到了解决之策。当时上海新文字研究会派人前来拜访陈鹤琴，以期得到他的支持和帮助，并对这种拼音形式的新文字进行详细介绍。很快，陈鹤琴就表示出了极大的兴趣与热情，他要来人给他送一些新文字的书报，要求从第二天开始学习，每天学习一小时。学了三四次以后，他就能够用拉丁化新文字阅读和书写了。没过多久，他已在开始动手编写供难胞学习文化的拉丁化新文字课本——《民众课本》，分上、下两册。不久，由陈鹤琴出面作保，租界当局批准新文字研究会为合法团体，新文字研究会的活动得以继续。陈鹤琴认为这种拼音的新文字简单易学，可以作为扫盲和抗战教育的工具。为此，陈鹤琴通过国际红十字会救济难民教育股划出 10 个收容所作为试点。他明确指出："这种运动唯一的目标，无非是想出一个法子来打破'汉字难'的关头，同时易于使汉字普及，文盲扫除，使一般人不致因文字上的难关而阻塞知识的门径。"在将近两年的时间里，他把大量的时间和精力投入难民收容所的教学实验和拉丁化新文字的宣传推广上。他亲自教的三个孩子，其中两个，学了三星期后，就能现场表演读写，另一个只学了两个星期，就可以朗读拉丁化新文字拼写的《阿 Q 正传》，这一成绩使他很受鼓舞。他不论出席什么会议、发表什么演讲，都会谈到新文字的问题；他还经常"即知即传人"，当场从口袋里拿出课本来教。他的热心影响了许多社会名流，而"陈鹤琴热心提倡新文字"更成为上海抗日救亡运动的美谈之一，也是当时"孤岛"上的头条文教新闻。

陈鹤琴曾对自己的工作踌躇满志，他对记者发表谈话说，新文字是难民教育的重要组成部分和必修课之一，而且决定"以三万五千难民作试教对象"，来大规模实验新文字。他说："提倡采用新文字就是给文盲一个钥匙，有了这个钥匙，他们就可以自己去开知识之门了。"他经常下到收容所了解难胞，尤其是难童学习新文字的情况，与难民亲切交谈，有时候还亲自授课，与难民们共同学习。为此，他专门设计了一种徽章，圆形的中央是一把象征开启知识之门的钥匙，钥匙柄上有"铲除文盲"四个汉字，周围是一圈用拉丁化新文字和汉字对照的话："我能看书写字。"1938 年 3 月，上海新文字研究会举行"第一届难民新文字读写成绩表演会"，会上，陈鹤琴邀请陈望道先生为每位表演读写的难胞颁发徽章。从 1938 年 5 月起，上海的难民收容所开展拉丁化新文字教学实验，国际救济会难民教育股成立了新文字组，并发布由陈鹤琴起草的《收容所新文字教育草案》，举行各收容所的第一次新文字总考试。到当年 8 月，国际红十字会救济会宣布举办新文字的收容所已有 48 所，计 121 个班，学习人数 4285 人，其中儿童 3144 人，成人 1141 人。为使学会拉丁化新文字的难胞有阅读读物，陈鹤琴亲自编写了两册新文字课本，出版用拉丁化新文字和汉字对照排版、以连环画形式的中外历史名人故事，从 1938 年 4 月起，出版了《岳飞》《花木兰》《爱迪生》《林

肯》等 14 种；此外，他与陈选善共同主编《小学自然故事丛书》共 40
册、《中国历史故事》共 40 册，其中有《夏禹治水》《卧薪尝胆》等。
他希望用一切可能的形式，宣传和弘扬中华民族不屈不挠的民族精神，
鼓舞人们不忘国家历史，激励广大人民、青年坚持抗战。他曾作词过一
首《中国统一歌》，歌中唱道：我们要爱中国！要爱同胞！同胞幸福！
中国兴隆！民族光荣！

　　随着上海战事的吃紧，日军的包围进一步收紧，汪伪特务的活动也
更加猖獗。估计到日本人占领上海并进入租界后也会像他们在东北的殖
民教育一样，强迫学校教日语，陈鹤琴与陈望道先生等以"中国语文教
育学会"名义，于 1939 年 11 月中旬举办了一个大规模的"中国语文展
览会"。展览会的会场被安排在上海南京路大新百货公司五楼整整一层。
展会上，陈列着汉字改革和拉丁化新文字的教学成果。陈望道先生特地
为展会撰写《中国拼音文字的演讲》，作为会刊之一在会场里散发。十
天的展期里，上海的大中学学校师生纷纷前往参观。展览会要告诉人
们，在日本的侵略面前，绝不能屈服，与法国作家都德在《最后一课》
所描写的情形一样，不要忘记祖国的语文，不要忘记自己的祖国。展览
会获得了空前的成功。

　　陈鹤琴的这些工作曾受到国民政府和租界当局的阻止，也受到汉奸
敌伪的注意。为防止敌人迫害，陈鹤琴有时不得不化装出外活动。1939
年 10 月下旬，陈鹤琴获悉汪伪特务已将他列入暗杀名单，在家人和亲
友的力劝下，前往宁波暂避；11 月 13 日晚，敌伪特务闯进他的住宅企
图暗杀他，未遂。不久，陈鹤琴由宁波撤退，辗转到达江西继续办学。

　　关于陈鹤琴先生在"孤岛"期间的这段往事，赵朴初先生曾有诗
赋曰：

艰难风雨忆畴昔，茅屋济济教多士。

汉语拉丁新发硎，抗战图强增利器。

口碑载项满人寰，手泽常垂富巨篇。

万里奇馨发兰桂，应无遗憾到重泉。

春风雨露忆恩师

欧阳中石口述

学哲学：大师风范 道德文章

1928 年，我出生于山东泰安。在那个军阀混战的年代里，母亲路兴吾可以说是我人生中的第一位老师。她早年毕业于女子职业学校，为人深明大义，对子女要求严格，常常教育我们要"博学多问"。

1950 年，我考入北京辅仁大学哲学系，主修逻辑学专业。此时，新中国成立不久，知识分子们对未来充满欣喜和期待。他们分散在各大高校和科研机构，无不勤勉工作，提携后辈。在全国院系调整中，辅仁和清华大学哲学系解散，并入北京大学。于是，当时的北大哲学系集合了汤用彤、冯友兰、金岳霖等 60 多位大哲学家和近 200 名学生，我就是学生中的一个。

当时，北大哲学系在沙滩红楼上课，学生们住在北大三院，来来往往中经常碰到时任北大副校长的汤用彤先生。对汤先生，我们可是无比的尊重。当时，我们从南面上红楼，进了楼门后，再从北面一个木楼梯下去，然后再上民主广场。常常是我们刚要下楼，他也上来了。最开始我们见到这种情形，心想就这样走个错身也没关系。可是他老先生站在那一看我们要下楼，马上就退下去站在一边，用手招呼我们，说："你们快下来。"一个堂堂的校长对做学生的，就是这样的态度。所以后来我常常想，老师对学生的教育非要用语言吗？你看看他的做人、做事，就能得到启发。

汤用彤先生学贯中西，博古通今。1922 年，他在美国哈佛大学获得哲学硕士学位，1930 年起到北大哲学系任教，讲授中国佛教史、印度哲学史、大陆理性主义、英国经验主义等课程，是唯一一位能讲授中、印、欧三大系统哲学史课程的中国教授。他宅心仁厚、纯真朴实，整天穿着一件小棉袍，脚上一双中式布鞋，从相貌和装束上看不出任何所谓"大师"的痕迹。在我眼里，这是真的学者、大师。

每天早上，我和同学们在北大民主广场吃早点，之后或去上课，或去图书馆，过着一半城里一半城外的生活。那时候，虽然条件艰苦、衣服破烂，但却是我人生中最温暖、幸福的一段时光。

当时，艾思奇先生讲授辩证唯物主义和历史唯物主义，学生们说他是大哲学家，他却回应道："不，我只是一名哲学工作者。"还有数理逻辑学家胡世华先生，每当我有问题向他请教时，他总是热情地邀请我到他家里，当面授业。

金岳霖先生当时是北大哲学系主任，他早年毕业于清华学堂，后来赴美、英、德、法等国游学，1925 年底回国后在清华大学创办哲学系。他说自己一辈子只写了三本书：《论道》《知识论》和《逻辑》，而正是这三本书，奠定了中国哲学现代化的根基。金先生说话慢条斯理，似乎每一句话、每一个用词都经过深思熟虑。一次，我和同学们在操场上模仿老师们讲课的样子。我模仿的是金岳霖先生，这也是我自认为最拿手的一位。模仿完后，周围守着看的好多同学却都面无表情，不像平时笑声四起、纷纷表态。我心想，怎么回事，难道我学得不像吗？就又再来一遍。这一次，他们眼睛都直了，简直是呆若木鸡。我一看，准有故事。看看他们的眼睛都盯着我后边，于是就回头一看，好嘛，金先生就在后边看着我呢！金先生看我一眼，回头走了。我想这可糟了，把自己最崇拜的老师给得罪了。

接下来的一段时间里，我为自己在金先生心中留下的"不良"印象而耿耿于怀，每当在过道里碰见他时，我总是绕道而行，远远看着金先生从这边上楼了，赶紧就去那边上楼，躲着点儿。可有一天，终于还是撞上了。我一看实在躲不过去，就赶紧给金先生鞠躬，然后恭恭敬敬、又有点儿战战兢兢地站在那里。他走到我跟前，看着我，半天没有话；我也不敢说话，更不知道接下来该怎么办。过了好一会儿，金先生用手指着我，说："你太调皮了。"就走了。

其实，调皮不是我本来的样子。我谨记母亲教导，不参加任何社会政治活动，整天埋头看书。我最大的爱好有两个，一个是体育，另一个是戏曲。一次，我在学校礼堂演出《将相和》。谢幕时，金岳霖先生靠近舞台，再次冲我说："欧阳中石，你真调皮。"然后边点头边说："你是真调皮，好，好。"

还有一次，我记得在讲课实习中谈到一个问题时，是眼睛看着窗外讲的。后来到了评议会上，有人说你那天好像精神不够集中啊，认为这是我讲课中的一个缺点。可是，金先生却说："不，我倒认为这是他的一个优点。他为什么冲着窗外讲？是要把这个思考的路子放得很远，引导我们的思维看向窗外去，看向远处，所以我认为很好。"那一刻，我真切地感受到，金先生对我，就像对孩子一样疼爱。

大学四年，我整天在周延、半周延，全称判断、特称判断等逻辑概念里周旋，这已经成为我的思维习惯。大学三年级时，有一位校外教授被邀请来给我们做讲座。他请我们哲学系和历史系的同学们共同讨论一个问题：哲学是学什么的？这时候，同学们有的背西方的哲学定义，有的背苏联的哲学定义，他就只是笑。最后我们请他发言。他说："好，今天发言的同学，都很了不起，但是我什么也听不懂，说到底学哲学是学什么的？我认为是学聪明的。"当时，我们以为老师拿大家开玩笑呢，但事后一想，越想越觉得这个话太深刻了。可不是，学了哲学，学了逻辑，对任何事物一打眼，宏观、微观、层次、规律都出来了，确实是"学聪明"了。

1954 年，在一批哲学大家的指导下，我毕业了。回头来看，我有幸沐浴在大师们的春风里，是很难得的机缘。老一代中国知识分子们的道德文章、学术风范，值得我永远纪念。

学京戏：视生犹子 奈何风霜

我自幼喜欢戏曲，什么京剧、河南梆子、皮影、文明戏，我都喜欢，对京剧尤其着迷。画戏也是我的特长，《薛刚闹花灯》《霸王别姬》等我都能画得惟妙惟肖。戏院听戏，回家画戏，跟着留声机反复练唱学戏，都让我乐在其中。

20 世纪 30 年代，京剧界一片繁荣，诸多流派产生。以梅兰芳、尚小云、程砚秋、荀慧生为首的四大名旦，和以马连良、谭富英、杨宝森、奚啸伯为首的四大须生，还有南麒北马关外唐等，让京剧殿堂异彩纷呈：新戏不断涌现，唱腔、伴奏不断创新，老百姓对京剧的喜爱达到顶峰。

那时候，因为我同学的哥哥是戏院经理，所以我经常有机会看到名角们的演出。1937 年我才 9 岁，就已经在山东泰安岱庙大殿前披挂上阵，一演就是三天。1943 年，我正在济南上中学，一天去同学家里玩时，随口哼唱了几句奚啸伯的名段《白帝城》。万万没想到，奚啸伯先生当时就在里屋和主人聊天。听我们唱了一会儿，他出来了，让我再唱一个。我唱完后，他很高兴，说："等着我教你吧。"那会儿我心里想，你是谁，能教我吗？等知道他就是奚啸伯后，我大喜过望："哎哟，老师来了！"赶紧肃然整衣，给奚先生深深鞠了一躬。他接着说："我要这孩子，很好。"

从此，我开始了与奚师一生的缘分。我们师徒二人，当时一个在济南，一个在北京，当面学戏的机会不多，一般只能以书信往来交流。奚师曾多次表示希望我下海唱戏，但遭到我父亲的反对。后来，我报考大学时，提前跟师父商量：如果考中就读大学，如果落榜就跟着师父下海，奚师欣然同意。1950 年，我考取大学，奚师也万分高兴。

奚师出身于满族正白旗贵族家庭，7 岁入私塾，传统文化底蕴颇深。后来家道中落，为了谋生才开始唱戏。人们称他的红是用了"把墙喊凹"的劲。奚师的扮相很老，可是很儒雅，让他演个坏人他都不会。我和他的个头、嗓音都差不多，我又很会模仿，所以他自然就觉得我处处像他。

跟随奚师学戏后，我不仅向他学习京剧的唱腔和技巧，还同他探讨戏文，两人以做学问的方式相互交流。新中国成立后排演的《范进中举》，是奚师独有的一出戏。这出戏在上海演出时候，观众提了好多意见。比如其中有一段，是描写范进中举后惊疯的一段戏文。戏中，范进想起他小时候在农村怎么种地、怎么玩，小河流水清悠悠，唱起来好听极了。可是，虽然在唱上反响很好，但奚师总觉得戏文有些词不达意，和主题没什么关系。于是，他就问我的意见，让我替他考虑如何修改。我的理解，是范进疯了以后，主要应当表现他疯疯癫癫的那些内容，而不是他小时候怎么玩的那些事。向奚师报告后，他说，你改吧。

于是，我当天晚上领命回家，在参考了之前自己曾经写过的一篇关于"范进中举"的文章后，便开始修改戏文。从 10 点多开始，开了半夜夜车，终于把本子改出来。第二天早上拿给奚师看，他说，很好，然后就写出词来。紧接着我们又一起研究唱腔。修改后的《范进中举》，成为奚师京剧艺术的代表作之一，也成为我们师徒二人精诚合作的一段佳话。当然，我和奚师讨论的话题，除了戏剧，还包括文学、艺术和书法。奚师用毛笔写信，往往一写就止不住，纸尽而情长，字就只好越来越小，但无论字如何小，他都能笔笔不苟，字字结实，令人赏心悦目。

除了奚师以外，在戏曲的路上，我还得到过马连良、张伯驹等不同大师的指点。记得第一次看马连良先生表演，便给我留下深刻的印象。那是在 20 世纪 40 年代，他一上场便光彩照人，行头既新颖又合乎情理，独特的靴底、袖口、护领"三白"格外醒目，念白自然顺适，唱腔从容松弛，真是一种美好的艺术享受。

张伯驹先生是清末民初的活字典，在诗词、文史、戏剧、收藏等方面都有很高的造诣。张先生这个人很有意思，有一次他正下着围棋，我想跟他学唱戏，他不理。我呢有办法，就上别的屋里唱去。唱的时候，怎么不对我怎么唱，就为让他听到。果然，听了一会儿他生气了，放下棋来找我，问："你怎么唱的?"我说："我不会唱啊，那您唱我听听。"这不，他就教你戏了。

学书画：书画同源 书画如人

我对书法的热爱源于幼时。那时由于住在泰山脚下，我经常去山上的经石峪玩，经石峪上水流漫过，我行走在刻在山石之上的《金刚经》经文的笔画当中，对书写有了最初的认识。读小学时，数学老师喜欢抄写经石峪并让我给他研墨，就这样对书法产生了兴趣。

后来，隔壁村子里来了一位武岩法师，给我们讲汉字。从他那里，我知道了汉字是象形文字，是有根源的，有它的独到之处。从他那里，我认识到老祖宗创造的汉字太了不起了，这种认识留存至今。武岩法师为人严肃，不怒自威。每当我站在他面前时，敬畏之心油然而生。

我上初中一年级时，开始跟他习字。当时他提出要求，只能用他的宣纸，每张5元钱，而当时一袋面粉的价格，也不过2元。我上他那去，他进门就问，拿钱来了吗？我说，拿来了。他也不看，一摸是钱，就放抽屉里面。然后拿下一张宣纸，说，我写你看，可要看清楚啊。他先写了《兰亭序》中的一个"岁"字。写毕，叫我拿到一边去写，我虽然已经仔仔细细，将"岁"字的结构、起笔、行笔、收笔看得烂熟，但因为担心写不好糟蹋了这么贵的纸，硬是愣了一个小时也没敢动笔。法师一看，把桌子一拍，一番痛骂把我轰走，临走时又叫住我，厉声说道："回家不许写字！"虽然他这么命令，但我可非写不可。第二天，我又去他那里，把"岁"字写了一遍，满以为已经同法师写得很像了。他却问："你写得很准吗？再仔细看看。"这时，我才发现最后那一笔"点"不像他的。

在武岩法师的严格指点下，我逐渐学会了临帖。后来，法师又教我写颜体、欧体以及北魏摩崖石刻。那时候，我还来不及感受书法的美妙，唯一的想法是尽可能写得像。半年后，武岩法师离开，云游四方，从此我们再也未能相见。后来母亲告诉我，武岩法师并没有收我的钱，每次把钱给他的第二天，他就还给了母亲，法师只是用这样一种方式，让我养成认真做事的习惯。因此，直到今天我还是非常感激这位恩师，他不但书法好，而且教法也好，轻易得到的东西人们往往不珍惜，对学习机会也一样。

20 世纪 50 年代，我有幸结识了吴玉如先生。吴先生大隐隐于市，面对求学者有教无类。有一次我去拜访先生，仓促间忘了刮胡子，受到先生一顿奚落。吴先生说："来啦，您的尊须很好啊。"老师用"尊须"这两个字，既雅又不客气，让我尴尬得无地自容，简直不敢正面去看他。

吴先生 5 岁开始习字，十二三岁时，小楷、行书已有相当功力，后来又经过几十年的钻研，形成独特的书风。赵朴初曾有如是评价："玉如先生书，龙腾虎跃，意态不可方拟。"吴先生喜欢用淡墨，善使细管长锋羊毫笔，在凹凸不平的扇面上，悬腕写大草，而无一败笔。在玉如老跟前，我受益很多。从先生处学习笔法，一支羊毫的笔，可以做出多种变化，我由衷地敬佩。

书画同源。因为与齐白石的儿子相熟，我得以到齐先生家里看他作画。齐先生少年时在农村生活，这种生活让他热爱农村，喜欢用艺术表现农村。他对画虾的喜爱贯穿一生。小时候，他经常在小溪里看虾；后来，他写生时就在画案上放一盆活虾，观察虾的形状和它们在水中游动的姿态，甚至把虾拿出来数一数有几条腿。就这样，齐先生创作出了独特的虾画。有一次我在北大，艾思奇先生知道我和齐先生熟，于是上完课后问我："你知道齐白石先生的画虾的事情吗？"我说："知道。"他说："那我问你个问题，为什么他的虾是透明的？"我说："他用的是淡墨。"艾先生摇摇头："淡墨就透明？淡墨也可以画得乌涂，为什么就成了透明的呢？"我又说："还有就是画了许多虾的须、虾的腿。另外，在虾头上的淡墨里还加了一点重墨。"他说："就这样吗？你再看看去。"

带着艾思奇先生的问题，我又来到齐先生家看他画虾：只见这一滩墨不是很深，还往外洇一点；于是齐先生停笔，接着取一管小笔，添很浓的墨，凝视半天，在这滩黑墨里头，再下笔画了一道，很细、很浓。

经过这一道下去以后，这个虾就"活"了，就真成了透明的了。回去后，我对艾思奇先生说："这回看对了，齐先生是在浓墨中又有一个焦墨，这是他画虾时候的最了不起之处。"

承师恩：以书焕采 切时如需

中国传统文化博大精深，京剧、书法、绘画、文学等各种艺术形式，尽管样态不尽相同，但本质统一。这么多年来，我有幸得到大师们的指点，聆听他们的教诲，在传统文化的浸润里成长，深感幸福和骄傲。如今，先生们都先后故去，面对中国传统文化的继承和发扬，我也感到了一种责任，希望能尽自己的微薄之力。

1985 年，北京师范学院成人书法大专班正式开课。最开始，书法大专班没有固定的教室，没有师资，非常艰难。我承担了主要的教学任务，设计课程、聘请老师，把北京书法界、美术界里能找到的名人都请来给学生们授课。之所以坚持，最根本的原因还在于中国文字自身的伟大魅力。

在开班的第一课上我曾讲到，为什么要办这个大专班，不单单是为了解决学历问题。学历问题很好办，上几年课就能得到。但是，要想真正了解什么是中国的书法艺术，就一定要了解中国的文化传统，了解中国的诗词歌赋，了解书意所反映出的人品和中国的士大夫精神。

1992 年，北京师范学院和其他几所院校合并组建首都师范大学。在弘扬中国传统文化的大趋势下，组建不久的首师大就获得了书法专业本科和硕士教育资格。1994 年，首师大"美术学书法艺术方向"博士点获得批准，解小青、叶培贵、郑晓华成为了我的第一批博士生。1999年，中国书法文化研究院也正式成立，成为国内唯一 一个以书法为载体弘扬中国传统文化的独立院所。

书法是一门大课程。作为中国人，我们和汉字、和祖国的历史是紧密相连的。作字行文，文以载道；以书焕采，切时如需，这是我对书法的理解。从 1985 年成人书法大专班开办到现在，近 500 名学生从首都师范大学走出。芳林陈叶期新叶，流水前波望后波，我对这些学生们寄予厚望。

我今年 86 岁了，每周还在给学生上课。别人称我是"大家"，我并没有感觉自己有任何长处，我只是"大家都好"的那个大家。但是，我愿意向我的老师们那样，将自己一生的感悟毫无保留地传递给学生，在怎么才能做得像一个中国人、怎么才能为中华文化贡献力量这些问题上，与他们共勉、共进。

（凤凰卫视《我的中国心》栏目供稿）

相知无远近，万里尚为邻

—— 深切怀念老舍先生

———

梁秉堃

  1966 年 8 月 24 日是舒先生（我们一直这样称呼老舍先生）辞世的日子，至今已经整整 50 个年头了。每到这个日子，我总会心头发紧又热泪盈眶地想起这位可敬可爱可泣的老人。他一生正直、博学、热情、坦诚，还会时不时地以"冷幽默"的方式说上几句针砭时弊的深刻话语，逗得众人哈哈大笑，自己却一脸严肃，不动声色。此时此刻，我再次想起了舒先生，想起了 20 世纪五六十年代和他在一起的宝贵时光。

舒先生的"胡同课堂"

  20 世纪五六十年代，舒先生为北京人艺写剧本最多，也常常来看排戏和演出。他家在丰富胡同 19 号，离首都剧场不远，他主张不坐汽车，慢慢溜达着，于是，我就主动负担起接送他的任务。这是我非常喜欢干的差使：舒先生拄着拐杖走在前边，我夹着他的皮包跟在后边，便如同

老　舍

进入了一间"胡同课堂"，边教边学，边问边答，点点滴滴，受益颇多，真让人感觉到那种"润物细无声"的美妙和满足。

一天清晨，我去舒先生家接他来人艺读剧本。回来的路上，我想了好一会儿才张开嘴，哆哆嗦嗦地说："舒先生，我想从演员改行学写剧本，您看能行吗？"他听后突然停下脚步，看了看我，等再走起路时才回答说："有志者事竟成嘛。怎么不行啊？"我得到他的肯定，心里像是燃起了一把火。他继续缓缓地说："可是，您不能在一棵树上吊死。文学的门类都得试试，触类旁通，那里边儿都是互相连着的呐！"我边听边连连点头。他又说："我的经验是艺不压身，什么都得写，都能有好处。您比如，写散文可以抒发自己的情感，写小说可以练习表现内心活动，写单弦、大鼓可以锻炼掌握调词遣句，写相声还可以帮助把握结构布局呐。……您可以以写戏为主，但是十八般武艺都得会。先得有生活，有了生活，适合什么门类就写什么门类。当然，一个文人起码应该学会脑子多转圈儿。习惯了脑子多转圈儿，笔底下才会精致一点儿。"后来，我的第一篇作品相声《查卫生》，舒先生不但仔细看过，还动笔帮助修改，甚至连语助词也给予了一一的纠正，最后更是通过他的推荐才在刊物上发表出来。

这里还需要交代的是，虽然我与舒先生的儿子舒乙同龄，但是舒先生还是按照习惯，尊重地称呼我为"您"，而不是"你"。

那天，我问："作为文学爱好者，您说得注意点儿什么呢？"舒先生扬起头来立即回答："要勇敢地写，不成功就勇敢地扔喽！"他停了一下又说："有时候，勇敢地扔比起勇敢地写还要困难得多！"多少年以后，我才渐渐地明白，写东西过程中否定自己要比肯定自己更加不容易。

还有一次，看完了排戏，舒先生兴致很高，有感而发地说："一个人物说什么固然重要，可他怎么说、怎么做就尤其重要！"我认真地想了想，这一条真是太厉害了，显然这里把生活和艺术作了严格的区分。人物说什么还应该是属于共性的生活形态，只有让人物找到了怎么说和怎么做的方法的时候，那才算是向个性的艺术形态做了提升，发生了质的变化。

在闲谈中，舒先生笑着对我说："戏曲有个好条件，尽管有的是水词儿，只要唱腔儿好听，就能遮掩住语言的疮疤，让大家照样爱听爱唱。'八月十五月光明'那句唱词就是个例子。可咱们是搞话剧的，没有这个条件。台词是主要的艺术表现手段，有了台词才能创造出人物来，必须十分考究，精益求精，千万不能废话连篇，专门用'话'来'锯'人，那样观众的耳朵受不了，心里就更受不了啦！"话剧不能用话"锯"人，这话说得很风趣，也很有斤两。遗憾的是，舒先生所批评的弊病依然大量存在着——"话剧里的语言往往欠结实、欠生动，话里没有色彩，没有形象，一句只是一句，使人不能联想到生活各方面，不能使观众听到话就看到了图像。"

语言大师是怎样炼成的

舒先生是语言大师，他笔下的剧本台词可以说是妙语连珠、光彩照人。仅就经典剧目《茶馆》来说，人艺许多人，包括演员、导演、舞台美术工作者，乃至台下看过戏的观众，都能把全剧的主要台词倒背如流，爱不释"口"。有的精彩台词竟然在生活当中广泛地流行起来，经久不衰。比如，常四爷在第三幕里那句十分动情的台词："我爱咱们的国呀，可是谁爱我呢？"可以说是表达了中国古今知识分子的复杂"心声"。难怪巴金老把这句出色的台词，称颂为"老舍先生的难忘遗言"。

舒先生笔下的不朽台词又是从哪里产生的呢？他自己是这样回答的："我只愿指出——语言是生命与生活的声音。没有生活，即没有活的语言。我有一些旧社会的生活经验，我认识茶馆里那些小人物，我知道他们做什么，所以也知道他们说什么。以此为基础，我再给这里夸大一些，那里润色一下，人物的台词即成为他们自己的，而又是我的。"说到这儿，他还举出唐铁嘴的一句台词为例。唐铁嘴说："我改抽'白面儿'啦。大英帝国的烟，日本的'白面儿'，两个强国侍候着我一个人，这点福气还小吗？"舒先生进一步解释说："写台词得像写诗那样，千锤百炼。看来越似乎是信手拈来就越见功夫。唐铁嘴是一个无耻的人，就可以说这么无耻的话，这是在情理之中的事。"

舒先生是如何留意生活中的语言，并把它们选择收存起来，准备将来加工成剧本的台词呢！这里还有一个有趣的小故事。

一次舒先生请于是之到饭馆去吃饭，等他们步入雅座间落座以后，服务生问："您吃点什么？"

舒先生答："瞧着办吧。"

老舍（右二）和北京人艺导演焦菊隐（右一）、夏淳（右三）及演员于是之（前左二）等一起讨论《茶馆》剧情

　　服务生走了以后，舒先生很有兴致地向于是之讲解说："这要是过去饭馆里的跑堂的，就不会这么招呼顾客了。即使你是第一次来这个饭馆，只要看见你带来了朋友，跑堂的便会把你引到雅座的外边儿，先得说上一句——'您还在这屋吧?'这是为了向你的朋友表明，你不是第一次来雅座吃饭。然后，等到落座以后，倒好了茶水要再问上一句——'今天您吃点儿什么啊?'这是为了向你的朋友表明，你差不多天天来这家饭馆吃饭。……"

　　于是之听了以后，深深地感到舒先生是多么重视生活的细节，又是多么敏感语言的积累。是的，舒先生说过："剧作家必须在人物头一次开口，便显示出他的性格来。剧作家必须知道他的人物的全部生活，才能三言两语让人物站立起来，闻其声，知其人。"

　　关于《茶馆》第一幕，有这么一个小插曲。专门"吃洋饭"的马五爷戏不多，由童弟来扮演。一般演员们都愿意多演戏、多加台词，好加深人物留给观众的印象。于是，童弟就看准了马五爷训斥二德子的戏。

戏中，二德子与常四爷大吵大闹起来，马五爷看着不顺眼，出面进行干涉，厉声说："二德子，你威风啊！"童弟觉得本来台词就少，观众留不下什么印象，干脆再加上一个"好"字吧，于是悄悄地改成了："二德子，你好威风啊！"也没有通过导演，就这么演出了，一直演了上百场。等到多年以后，童弟才忽然觉得自己加台词错了，因为"你威风啊"是根本不允许你威风；而"你好威风啊"是可以在某种程度上让你威风。这就完全扭曲了剧作家的本意。于是，他又自觉地把"好"字悄悄地给删掉了。想想看，演员擅自改了一个字，经过十多年实践以后又歉疚地给改回来，足见剧作家功力的厉害。

有一次，我特意向舒先生请教如何才能写好台词，需要具备什么样的条件。他听了以后，思考了片刻便说："要说着上口，听着入耳，容易记住，又不忍心把它忘掉！"

显然，第一句是从演员角度提出来的，第二句是从观众角度提出来的，而第三句和第四句是从台词应该达到的高度上提出来的，前者"容易记住"已经不太容易，后者"又不忍心把它忘掉"则更难。舒先生写的台词中就有着众多光辉榜样，真够我们学上一辈子的了。

大作家也曾被退稿

60 年代初，舒先生写了一个反映市民生活的剧本《除夕》。人艺经过慎重考虑，觉得排练确有困难，又不好一拖再拖，便决定让导演夏淳和于是之带着剧本，到舒先生家里退稿。

向一位著名大作家，特别是一贯支持人艺的大作家退稿，自然不是一件轻松的事情。在登门拜访以前，夏淳和于是之的心里已经开始打起鼓来了。

舒先生热情地接待了他们，而且滔滔不绝地聊起天来。为此，他俩根本无法提出退稿的事，既不便开口，也不想开口，只能拖一会儿是一会儿了。

到了吃午饭的时候，舒先生站起来说："走吧，咱们上东来顺吃涮羊肉！"这时，夏淳借口有事告退了，只剩下于是之和舒先生来到东来顺饭馆。

到了饭馆以后才知道，舒先生还约请了马彦祥等戏剧家们一起吃饭，于是之心里更发愁地想，当着这么多客人的面，实在是不好说退稿的事了。

时间过得飞快，于是之根本没有吃出涮羊肉的滋味来。饭局眼看着就要结束了，他一咬牙取出剧本来，吭吭唧唧地把退稿的事说了出来。

万万没有想到的是，舒先生听完就哈哈一笑，说："不成就算了，哪能写一个成一个的啊？这个不成我接着再写！"说完，接过剧本往身后的窗台上一放，对于是之喊着："吃涮羊肉啊，快着！"于是之"嗯"了一声，大口吃着，这时才好像感觉出涮羊肉的滋味来。

"为了这个好姑娘也得好好写、好好演"

1959 年的春天，舒先生的新作《女店员》即将由北京人艺排练上演。为了说明书上的剧名题字，我去了他家。

我走进小院，径直来到了西屋——舒先生的书房。一进门，便见到写字台上已经摆好写着"女店员"三个大字的宣纸，一共有四五张。舒先生指着宣纸说："您就随便挑选吧，不满意我还可以再写。"我认真看了看，觉着都不错，就全部装进了书包里。舒先生谦虚又幽默地摇摇头说："秃子当和尚——您将就着材料吧。"

等到舒先生和我都坐下以后，他点着一支香烟问："说说，演员们都体验生活去了吧？"我自己倒了一杯茶水，答道："大家已经下到护国寺的妇女副食商店去了。"舒先生满意地点点头。我说："我们一去就闹了不少笑话。有个女演员在糖酒柜台上帮忙卖货，还没卖十分钟，就多找出去五毛钱。等人家顾客把钱送回来才知道。"舒先生抿着嘴笑了。我又说："我在水果柜台上帮忙卖货，账老算不上来。顾客一催，就更算不上来了。卖了一斤香蕉，急出一脑袋的汗！"舒先生问："有位卖肉的小个子姑娘小张，看见了没有？"我连连点头："看见了，人家还上了墙上的光荣榜呢。"突然，舒先生的眼睛里闪着异样的光芒，不平静地摆动着右手说："最好请诸位演员好好看看小张的那双手。那双原来也是细皮嫩肉的手，可如今变粗糙了不说，还裂了不少的大血口子！"他吸了一口香烟，"听说，小张刚卖肉的时候，也闹了不少笑话。有一回，一位老大爷买一块钱的肉，她怕切多了，老切不够，就一片一片往上添。老大爷临走手里托着一堆碎肉说：'姑娘，得，这回我就吃炒肉片吧！'小张为了这事儿，急得直哭，连饭也吃不下去了。后来，经理亲自给小张督阵，站在旁边帮助收钱，一方面请顾客原谅这个新手，一方面也让小张沉住气。这个姑娘，春节期间一天卖出去十口肥猪！您想想，一把四五斤重的切肉大刀，左右开弓，肉切得又麻利又准确，还一个劲儿地忙乎着算账、收钱、给顾客们当参谋。"我惊讶地连连摇头，不光是为了小张，更为了舒先生观察生活的深入细致。他继续说："从这位姑娘这儿，我琢磨出这么一个理儿来。那就是为别人做点儿事儿，而且要做得好，是多么的不容易！这样的好姑娘，咱们不应该好好写、好好演吗？"说到这儿，我还想起他曾经说过的一句话："不动感情，一定写不出带感情的作品来。"于是之曾这样评价他："大土近洋，大俗近雅，精通世故，返璞归真。"舒先生这样一位精通世故而又不世故的人，难道还不值得我们格外敬重吗？

近日，我特意坐上 108 路无轨电车，来到了灯市西口，再一直向西走去，到丰富胡同右拐进去，路西的第一个院落便是舒先生的故居。我在门口站定良久，思绪万千，往事如云。突然，那两扇暗红的大门仿佛打开了，舒先生瞬间走了出来，他笑容满面，又如同我多少次来过的那样，不见外地说出三句话来："来了？""坐下。""喝茶自个儿倒！"……这一切是那样的熟悉，那样的亲切！想到这些，我忍不住背诵起张九龄的诗句——

送客南昌尉，离亭西候春。野花看欲尽，林鸟听犹新。
别酒青门路，归轩白马津。相知无远近，万里尚为邻。

舒先生已经离开人世间整整半个世纪了，但是不少人依旧感觉还是"新丧"，因为在思想感情上他从来也没有与大家分开过，一天都没有分开过。他永远活在我们的心底，永远！永远！

风范长存溢馨香

——太平天国史开山宗师罗尔纲的读书与治学生活

————

杲文川

罗尔纲是中国社会科学院近代史所一级研究员，是我国太平天国史研究的开山宗师。他在这一领域披荆斩棘、艰苦拓荒长达 70 年，为太平天国研究做出了卓越的贡献。

开卷有益　博览群书

罗尔纲 1901 年出生在广西贵县（现为贵港市）一个知识分子家庭。刚出生就过继给伯父罗佩璜，伯父英年早逝，虽未中举，却爱买书，以致家里藏有 30 多箱 5000 多本图书。罗尔纲的生父罗佩珠考取秀才后，清朝停止科举，乃改入两广优级师范学堂，在博物科（包括动植物、矿物、生物等学问）毕业，做了 20 多年教师。"四一二"反革命政变时，因参加进步组织被通缉，逃难香港，改业中医至 1955 年仙逝。

罗尔纲的生父也买了不少图书，在童年时，生父就注意培养罗尔纲的自学能力，罗尔纲也把生父的书翻遍了。他 7 岁时，自学的第一部书是《三国演义》。第一天只看了几行，但他不懂也看，半懂半不懂地看完了，就接着看《西游记》。南方潮湿，生父每年都教他晒书，他一边晒书，一边翻看，不到 10 岁，他读完了《封神演义》《东周列国志》《福尔摩斯侦探案》等许多图书。罗尔纲读的第一本历史书是王世贞的《纲鉴》。王世贞笔法精简流畅，史论富有见地，引起罗尔纲的兴趣与思考，引得他进而阅读《史记》《汉书》《后汉书》《三国志》四史，接着读《左传》《国语》《战国策》，同时也看了《杜工部集》《苏东坡集》《昭明文选》等文学书。幼年的自学，为罗尔纲后来的治史打下了坚实的文史功底。

大胆假设　小心求证

罗尔纲先入上海大学，复入上海中国公学。1930 年初夏，罗尔纲写信给校长胡适，请胡适介绍自己去历史研究所工作。胡适知道罗尔纲是五个获得奖学金的学生之一，问他是否愿意到家里，帮助整理其父的《铁花遗著》，罗尔纲觉得能终日亲炙师教，欣然前往，成为入室学徒。

胡父名传（1841—1895），字铁花，科考优等，得同治庚午岁贡候选儒学训导。胡传是清代地理学者，他一生北至吉林边疆，南到海南岛，东赴台湾，足迹所至，对地理学上多有订正。他又是一位精干廉明的人，光绪间，中俄交涉、中葡交涉、黄河河工、中日战争诸役，胡传均参与其中，并有文书报告或日记详载，其遗著为重要史料。因胡传忙于公务，他的底稿东涂西改，左添右补，煞是难读。罗尔纲一边辅导胡适两位公子读书，一边耐着性子，花九个月的时间把胡铁花的 80 万字遗著分为年谱、文集、申禀、书启、日记六个部分整理出来。罗尔纲本来秉性粗急，但他牢记母亲"忍耐、小心、不苟且"的教导，在胡适家得到了好的训练，这是他进入做学问的第一课。

那时，胡适根据所见的材料，提出《醒世姻缘传》的作者"西周生"就是《聊斋志异》的作者蒲松龄的假设。为了求证，胡适托人做了许多工作，他要罗尔纲做助手，把几个版本辑录成混合本《聊斋全集》，并做成了三种《聊斋全集》目录对照表。胡适通过对比、考证，写出《蒲松龄生年考》，后来改题作《辨伪举例》，证明石印本的诗集全是假造的。胡适又经五六年思考，慎重地写出《醒世姻缘传考证》。罗尔纲在胡适家亲承师教，目睹了胡适"大胆的假设，细心的求证"的全过程，这在他后来的太平天国史的研究中都发挥了作用。

1931 年，罗尔纲由北京回广西贵县探望母亲。在翻阅《贵县志》时，发现记载太平天国时期人物与薛福成写的人物大相径庭。为了搞清史实，他看了许多太平天国材料。1932 年春，贵县成立修志局，聘请罗尔纲做特约编辑。他搜集了 20 多种广西各府州县方志，还有一些与太平天国有关的书籍。他利用在贵县中学教书的业余时间，日夜赶写到年底，写成一部《太平天国广西起义史》。从此，罗尔纲走上了 67 年的太平天国史研究之路。他哪里知道，研究农民运动，在旧中国是不受统治者欢迎的。在北大文科研究所申请研究太平天国史未获批准，转入中央研究院又申请，仍然碰了钉子。但他不死心，拖着有病的身体，坚持在夜里自己研究。

1934 年 2 月，罗尔纲北上，再入胡适师门。他对太平天国的研究，得到了胡适的支持。胡适命罗每天到北平图书馆看书。罗尔纲在胡家学写辨伪文，第一篇是考证太平天国没有天德王洪大全其人其事的《贼情汇纂订误》。他列举了 7 条证据，在史学论坛上引发了大争论。1935 年，罗尔纲写出《洪大全考》，1947 年，写出《天德王洪大全考》和《史官篡改史迹举例》两文，做出了进一步的研究。1954 年，罗尔纲根据新发现的史料和新讨论的意见，写出增订新稿《洪大全考》。20 世纪 70年代，罗尔纲又写出《洪大全补考》，从而了结这一大公案，并得到了学术界的公认。

1934 年 4 月，清华同学会成立了"史学研究会"，发起人是吴晗、汤象龙、梁方仲。又邀请谷霁光、朱庆永、夏鼐、孙毓棠、刘隽、罗玉东等共同发起。吴晗在中国公学比罗尔纲低几届，他邀请罗尔纲入会后，两人成了友谊最笃的莫逆之交。罗尔纲原本是个性格内向的离群独处者，在会中他遇到了几位学养深厚、热情洋溢的学友，相互切磋研究心得，在刊物上以文会友，使得罗尔纲懂得了朋友间切磋鼓励的乐趣。

在胡适家，罗尔纲还写出《读太平天国诗文钞》，他根据太平天国的历史、典章制度，指出哪些是伪造的诗文。他还作出专题考证《水浒传与天地会》，引起学术界的注意。其中一条证据，是胡适带罗尔纲到《大清律例》中找到的。这使罗尔纲知道了要抓取最关键的地方以求证。他写出《上太平军书的黄畹考》，请胡适看后，胡适认为证据不够，不要赶着发表。从夏至秋，罗尔纲又找出几条证据，胡认为证据仍然不够。胡适帮罗访寻不易见到的相关资料，终于使罗尔纲的第三稿得到了胡适的首肯，使之发表在国内著名的学术刊物——北京大学《国学季刊》上。

1934 年 10 月 23 日，罗尔纲到北京大学文科研究所考古室整理艺风堂金石拓片，又接来了妻儿，因生活困难有时要应报刊急需赶写些急就章，得不到多加思考和修改的时间，文章难免粗糙。胡适见了就严加申斥，说："这种文章是做不得的"，"我们做新式史学的人，切不可这样胡乱作概括论断"。罗尔纲在《生涯六记》中认为，胡适"督教我比督教他两个儿子和在上海时住在他家的侄儿和外甥还要严厉得多多"。罗尔纲一连用四个晚上写了一封几十页的长信，向胡师恳切地表白感激之情，汇报一年半来的工作、研究和生活情况，并寄上他的《研究清代军制计划》，请胡师指导。此时，胡适正在协和医院住院，收信后，一天内回复了两封信。恳切地指导他如何研究制度史，以避免成为空泛的"史论"。罗尔纲在《师门五年记》中，对胡适的师教写道："他的严切，不同夏日那样可怕，却好比煦煦的春阳一样有着一种使人启迪自新的生意，教人感动，教人奋发。"

1935 年秋，罗尔纲在《益世报·史学》上发表《淮军的兴起》。清华大学史学系主任蒋廷黻认为此文发前人所未发，言前人所未言的真相。约罗尔纲纵谈到次晨 1 点钟。第二年春，蒋廷黻出任苏联大使，蒋推荐罗尔纲接任讲授中国近代史。清华大学文学院院长冯友兰也到胡适处，请罗尔纲去清华讲授这门功课。胡适很高兴，但他替罗尔纲辞谢了聘请。谷霁光向南开大学经济研究所推荐罗尔纲，汤象龙、梁方仲也向中央研究院社会科学研究所推荐罗尔纲。1936 年 5 月，南开大学经济研究所和中央研究院社会科学研究所两处同时聘请罗尔纲。罗尔纲到胡适家说明时，胡适说："我不让你到清华去，为的是替你着想，你现在只研究了太平天国一部分，如何去教人？何况蒋廷黻先生是个名教授，你初出教书如何就接到他的手？如果你在清华站不住，你还回得北大来吗？"胡适挽留了罗尔纲，罗出门后，一腔热泪涌上眉睫。后来，北京大学把罗尔纲升为助教，加薪 20 元。罗尔纲半天整理金石拓片，半天研究清代军制。1937 年夏天，北大批准罗尔纲辞职，转入中央研究院。罗尔纲薪金 130 元，他把多发的钱都购买了急需的图书资料，使他研究《绿营兵志》有了丰富的资料。

百折不挠　艰难研究

卢沟桥事变后，北平沦陷。罗尔纲随中研院迁到湖南长沙，复迁广西阳朔，再迁昆明，后迁四川南溪县李庄镇。当时，敌机狂轰滥炸，罗尔纲抱着凳子，钻进防空洞继续钻研太平天国史。转到昆明落索坡村时，住处连桌椅都没有，他白天上班，晚上坐在木墩上，膝盖上架着衣箱写作。在那喝米汤、点煤油灯的逃难岁月中，许多人能存活下来已属不易，根本无心从事研究，而罗尔纲却凭着坚韧的意志，艰苦考证，写出了为中外学者称道的《绿营兵志》。

罗尔纲在总结自己做学问的经验时，认为有两条："第一，要敢于硬着头皮碰困难。第二，不为名利，忠于真理。"罗尔纲能成为学问大家，也是通过学与问，在不断战胜各种困难后，逐渐积累而成的。研究太平天国壁画时，他不懂，就向花鸟画家陈之佛和山水画家傅抱石讨教；弄不明白太平天国历法，他在宜宾旅馆里，就找历法专家董作宾讲解；研究人口统计，他不在行，竟向一位做临时工的同济大学学生请教后，编成了《清代乾、嘉、道、咸、同、光六朝人口统计表》。1956年，《李秀成自述》原稿真伪问题引起全国大争论，罗尔纲并不懂如何鉴定笔迹，为了精通书家八法，他到书法家家里，用自行车驮回两车书，回来钻研。他用已知的李秀成墨迹和自述中相同的字拆开偏旁对照分析，用无可辩驳的事实证明了自述原稿是李秀成的手迹。罗尔纲以前没有学过军事，但他下了六七年的苦功，写成《绿营兵志》、《湘军兵志》、《晚清兵志》等多部军事史著作，以至于外国学者称他为"中国军事历史家"。

罗尔纲从小就虚弱多病。在东南大学考场上，得了大热症，几乎丧命。他靠积极锻炼和慢慢调养，到 1935 年才基本痊愈。中研院迁到昆明后，遇到通货膨胀，研究人员只能吃马铃薯煮稀饭充饥，乡间老鼠、跳蚤、疟疾蚊轮番肆虐。到 1942 年，虚弱的罗尔纲终于在到金田调查中染上了急性胃肠炎症；三五天或八九天就发一次，经多方医治，仍不见好转。从此，罗尔纲开始自学中医，自己给自己治病。到 1944 年 4 月，他研究出的散剂把长达两年的腹泻病治好了。这年 9 月，日军进犯广西，在转往贵州的路上，罗尔纲又因蚊咬得了疟疾。赶到南溪县李庄镇时，大热、大冷，全身发抖。每次都要人抬到医院。1946 年 9 月，罗尔纲请长假回家，依然自己处方，慢慢调理。

筚路蓝缕　以启山林

1949 年 12 月 4 日，罗尔纲的家乡解放。他被选为贵县人民代表。1950 年 8 月，罗尔纲接原单位的信后，赴南京上班。12 月 1 日，南京市文联召开"庆祝太平天国起义百周年"筹备会议，罗尔纲被选为筹委会委员。1950 年底，罗尔纲主持筹建南京太平天国历史博物馆，可文物、照片一无所有。罗尔纲四处奔走，调查考证，召集访问了 350 多位老人，了解了许多线索，凡是疑点他都到现场亲自察看。他又从南京图书馆和龙蟠里、龙贤街、颐和路等图书馆浩如烟海的藏书中发掘摸底。在从不开放的山西路分馆里，有汉奸陈群的大量私人藏书，罗尔纲在积满尘土和蛛网的书架上爬上爬下，弄得满头浑身都是灰尘。到中午，他只啃个面包，又继续查找。就这样寒来暑往六易春秋，罗尔纲拿出了常人无法想象的成果，共发掘收藏太平天国典籍 42 部，文书、文物、艺术品 1000 多件，陆续编辑了《太平天国资料汇编》1200 万字、《太平天国文献》四大集、《太平天国参考资料》400 万字、《太平天国史料丛编简辑》六大册，为我国太平天国史研究奠定了坚实的基础。然而，完成这名垂千古业绩的人却是一位弱不禁风的"病夫"呀！

1951 年 10 月，"纪念太平天国起义百周年展览"在天朝宫殿遗址展出了两个月，观众达 90 多万人次。罗尔纲整天在会场里解答观众提出的各种各样的问题。观众的问题更加激发了他揭穿各种太平天国历史谜团的决心。经过 5 年的筹备，1956 年国庆节时，太平天国纪念馆在南京堂子街成立了。成立前，南京市要罗尔纲出任馆长，他一再陈述婉拒，上级只任命了一位副馆长，仍然希望罗尔纲担任馆长。纪念馆成立的当晚，这位为太平天国纪念馆的建立立下赫赫大功的太平天国研究资深专家功成身退，以看病为由，默默离开了南京。他在馆中所编的文献和资料一律都署太平天国历史博物馆编，坚决不肯署自己的名，每种只写一篇序言，以表示负责。馆里发他的稿费，他不领，寄到北京，又被他退回。

追求真理　坚定不移

罗尔纲一生痴迷学术研究，无论是连年的兵燹战乱，还是历次政治运动的干扰打击，都未能阻挡他探求真知的步伐。罗尔纲早在 1937 年就公开出版了第一部拓荒著作《太平天国史纲》，至今仍被誉为"最好的一部概括性著作"。新中国成立前，也是他第一个在中央大学讲授"太平天国史"课。

在谈到学术思想时，罗尔纲认为，自己接受五四思潮熏陶，在学术思想上，接受辨伪求真，追求真理的思想。因而一生治学断不盲从，断不轻信。

他在《李秀成自述原稿注》一书前言中写道："回首初作注时，已49 年。古人说白首穷经，我注李秀成自述，也从青春注到白首了。"《自述》本身就难注，因为那是李秀成在牢中仓促写成，内中奇难怪僻的制度、避讳、地名、典故都像拦路虎，罗老用尽各种办法才搏倒了这一只拦路虎，找出合乎情理的解释。《自述》中提到的人物没名没姓，诸如"大头羊""大鲤鱼""糯米四""冲天炮"之类的绰号，罗老都逐个有根有据地考出姓名、籍贯、身世、功过等，可见罗老所下的功夫之深。

高风亮节　风范长存

罗老是中国社会科学院一级研究员，但他诚笃谦逊，待人宽厚。几十年中多次有人对他人身攻击，他都泰然处之。一家发过批罗老文章的杂志托人向罗老道歉，并请罗老写篇反驳文章。罗老却说："没有什么，批驳是好事哪。"有人合编文集，请罗老作序，并表示可把反对罗老观点的文章抽掉。罗老反对说："学术研究必须各抒己见，才能获得新知。若只许一家独鸣，哪还有什么学术研究。千万不要抽出啊！"

罗老一贯虚怀若谷，从善如流。对真诚的批评，不管对方地位尊卑，都欣然听取。有时别人提出一个正确的建议，他就可能把自己的工作推倒重来。但如果言之失当，即使有再大的来头，他也傲然相对，不会改变自己的学术观点。

罗尔纲老年后，晕眩、偏头痛、高血压、失眠困扰着他，医生诊断为"高血压神经官能症状群"。此外，还有便秘、痔疮、前列腺增生、眼病、牙病等，他认为自己是"百病侵凌成老大"，常常是自己开方医治。罗老因病不参加任何活动，既不下楼走动，也不接待任何慕名求见者，因为只要一紧张，就容易犯病，甚至小便失禁。有时，出版社或报刊编辑部催稿很急，罗老痔疮复发，坐不得，动不得，只好站着写稿。

罗老青梅竹马的老伴久病多年，在床上不停地呻吟。身边还有一个从小就患痴愚症的女孩。应该说，罗老晚年的科研环境并不好，一直是在与疾病和各种苦难做顽强的斗争中坚持科学著述的，人们只知道他著述有 700 万字之巨，编纂资料有 2000 万字之多，却不知道在完成这些工作中他忍受了多少人间的苦难。罗老著述一直到 97 岁高龄，终因直肠癌晚期而辞世，终未能实现他许多新的科研想法……

罗老虽已仙去，但给后人留下了那么多的宝贵遗产，不愧是一代宗师，风范长存。

忆一代名师雷海宗

齐世荣

1947 年秋，我由燕京大学转学到清华大学，插班入历史系三年级，见到的第一位老师就是慕名已久的雷海宗先生。雷先生当时是历史系主任，新生选课完毕后，照例要由他签字。他给我的第一个印象是对学生很亲切，没有架子。

在清华读书两年期间，听了雷先生几门课，给我印象最深的是西洋近古史和西洋文化史这两门课。当时有些名教授，学问很大，但讲课不考虑方法，兴之所至，想讲什么，就讲什么，有时离题很远，有时对大问题不讲，而对自己感兴趣或有特别研究的小问题则讲得十分仔细。雷先生不是这样，他学问渊博，贯通古今中西，但讲起课来井井有条，从不"跑野马"，总是围绕中心题目加以发挥，并能深入浅出，强烈吸引着学生的注意力。他讲课的某些内容，在时隔五十多年以后，我仍记得清清楚楚。例如，在西洋近古史这门课上，当讲到宗教改革时，他先从基督教在中古欧洲的巨大作用说起。他以"七礼"（或称"七圣事"）为例，说明一个人在当时从出生到死都离不了教会。婴儿一出生，要受洗礼。长大成人，结婚时要由教士主持婚礼。临终时，要由教士将油膏涂在病人身上，是为敷油礼。这样一讲，立刻引起了学生的兴趣。

然后，雷先生再讲教会的腐败，接着很自然地引出了路德的宗教改革。再如，他在讲《堂·吉诃德》这部名著的重大意义时，说"它使全欧洲在一阵大笑中结束了骑士文学"。像这样的警句，在雷先生的课堂上，常常可以听到。雷先生的课不仅受到学生们的欢迎，系内一些老教师也给予很高的评价。比雷先生年纪还略大一些的刘崇先生（学问渊博、一生专教西洋史）就曾郑重地对我说："你要好好听雷先生的课，他讲课有哲学意味，我做不到这点。"我听了刘先生的话以后，既感到刘先生的谦虚和老教授们之间的互相推重，也更增加了我对雷师的敬佩。

西洋文化史这门课完全采用"讨论班"的办法。每一次都由一个学生做读书报告（书的内容事先由雷师指定），然后大家讨论，雷先生随时插话，最后做总结。我记得第一次是由一位同学做关于《历史研究》的读书报告。当时指定我们读的是汤因比这部多卷本名著的缩写本（索姆维尔节写）。这个节本于 1946 年由牛津大学出版，我们读它时是在 1948 年。由此一例，即可见雷先生授课的内容是站在学术前沿上。第二次由我做关于《墨西哥征服史》和《秘鲁征服史》（普列斯科特著）两部书的报告。我从图书馆把书借出后，觉得篇幅太大，生字也很多，但老师既已指定，只能硬着头皮去啃，看了几章以后，越看越有兴趣，两部书终于读完了，历史知识既有所丰富，英文阅读能力也有所提高。至今，我觉得雷先生主持的西洋文化史讨论班很能调动学生的积极性，培养学生的独立思考能力，是我四年大学期间受益最大的几门课之一。雷先生不仅在西洋文化史这门课上，要求学生读史学名著，在他所开的其他各门课程上，也都这样要求。例如，在讲到宗教改革时，就要我们读《宗教与资本主义的兴起》（托尼著）等名著。

雷先生博闻强记，上课从不带讲稿，连卡片也没有，只有粉笔一两支。但如前面所说，他讲课极有条理。最使我惊讶的是：每节课结束时，恰好讲完一个题目。下次课开始时，正好接着上次的内容来讲。当时我年轻，只觉得这是由于雷先生记忆力过人的缘故。今天在我自己有了多年的教学经验以后，我觉得雷先生上课前一定要把所讲的内容在头脑中"过一遍电影"，先讲什么，后讲什么，以及讲到什么地方，等等。否则，纵然有过目不忘的记忆力，也不可能把时间安排得那样准确。

雷先生一生开过许多门课。在我读书的两年期间（1947—1949），据我回忆，他就开过西洋近古史、西洋文化史、史学方法、商周史、秦汉史等多门课程。现在有些中青年教师只愿教一门课，以为这样才够专家的派头，甚至怕教课门数多了影响科学研究，影响专深，变成"杂家"。这是一种十分错误的观念。搞任何一门学问，都必须打好基础。没有广博的基础，专深又从何谈起？雷先生这一辈学者，至少都能讲四五门课。他们的知识面广，根底厚，因而能成为名副其实的专家。

雷先生对学生十分关心，不仅关心他们的学习，而且关心他们的生活。我读大四时，生活比较困难。一天下课后，雷先生对我说，美国波摩那大学来了一个研究生，学中国近代史，想写关于梁启超的论文，他的中文程度还需要提高，你可去给他补习中文，借机会练练英文，并增加点收入。我听了以后十分感动，不知道老师如何知道我最近生活困难。我说，我的英文程度教华语会话还可以对付，要讲解梁启超的文章恐不胜任。雷先生说，不要紧，去试试吧，有困难再找我。就这样，我教了这个研究生几个月的中文，后来由于他提前回国，便中断了。通过这件事，可以说明雷先生是多么地爱护学生，他既注意学生的学习成绩，也关心他们的生活状况。

1951 年，我在《光明日报》发表过一篇小文，谈在世界史教学中贯彻爱国主义教育的问题。在一次返校时，见到雷先生，他说：你在《光明日报》上发表的那篇文章，写得不错，看得出是用了一番功夫的。听了雷师的这几句话，我既惭愧，又感动，惭愧的是这篇小文实在没有什么新意；感动的是老师对于学生的些微成绩也要加以鼓励。我根本没有想到雷先生对于我这篇习作还会给以注意。现在我已进入老年了，也培养过好多批学生了。我终于懂得了当年这篇习作之所以引起先生的注意，并非因为它的内容有多么好，而是因为园丁对自己培育过的花草，总是殷切地期待着它们的茁壮成长。

院系调整后，雷先生调到天津南开大学任教，并兼任《历史教学》月刊编委，以后再没有机会向老师当面请教。但我从《历史教学》杂志上常常看到老师写的一些深入浅出、通俗易懂的教学参考性文章，便如《关于世界史一些问题及名词的简释》《世界史一些论断和概念的商榷》《基督教的宗派及其性质》等。这些文章对于中学教师备课十分有用，其实不仅对于中学教师，而且对于教大学的青年教师也是十分有用的。雷先生是一位大学问家，但他肯写这样的"小"文章，这说明只要有利于培养中青年的事，他就乐意去做，而绝无轻视之意。必须指出的是：雷先生的名词释义写得既简练，又准确，还纠正了不少习以为常的错误观念，看似写来不难，实则非高手莫办。

1962 年，噩耗传来，雷先生不幸去世。这是世界史学界的一个重大损失。粉碎"四人帮"后，我国的世界史研究有了相当大的进展。近年来，我常常想，如果雷先生今天健在，世界史学科在这位元老大师的指导下，定能取得更大的成绩。雷先生离开我们已经 40 年了。他的博大精深、贯通中西的学问，是我永远赶不上的，但他勤奋治学的精神，对学生热心培养、极端负责的态度，则是我要时刻学习的。

他们教会了我怎样演戏

于蓝口述 于洋采访整理

饰演红军小队长的刘炽穿着红军军装上场时，申红友问："你这上哪儿去？"刘炽答："去马家沟。"申说："那是白区，你咋穿着这身衣服？这不是暴露了吗？"他叫刘炽换上老羊皮袄，反穿着，说："如果遇到敌人，往羊群中这么一趴，就不会被发现了。"

从一个懵懂的少女成长为一名真正的演员，我走了很多年。在这期间，有很多人曾是我表演上的良师益友，为我指点迷津，授业解惑。现撷取往事一二，以为怀念。

苏联专家帮我打造了扎实的基本功

我是东北人，"九一八"事变后日本人侵占东北，我家有亲戚在北平，我就跟着家人逃到了北平。1931—1937 年这七年时光，我都是在这里度过的。所以，我的东北土话都没有了，改为讲那种普通的北京话，

年轻时的于蓝

又不是特别地道的北京味儿。后来我演戏，在这上面就占了很大的便宜。

1954 年，中央戏剧学院请苏联专家库里涅夫开设了表演干部训练班，我去参加了考试。笔试考政治，对于当时的青年，重要的事件多多少少都能知道一些；面试就是拿着一段文字朗诵，同时还有音乐和即兴小品。记得我当时朗诵的是长诗《卓娅》。经过努力的准备，我很顺利地考上了，在那儿学习了两年。

库里涅夫用斯坦尼的方法训练我们。这个方法是比较科学的，不像从前我们演戏那么生硬。比方说，从前想表达出悲哀的情绪，都是愣挤出来的眼泪；而斯坦尼方法要求我们顺着人物动作的目的、动作的愿望出发，然后才产生一系列的行为，这是带着感情的。

在这些练习里，给我留下深刻印象的是无实物练习。有一次，我要演拿着放大镜。没有实在的东西，但是还要做表演，好像确实是那么回事，这个练习是最困难的，但做好了就很容易进戏。库里涅夫的夫人、优秀的表演教师伊万诺夫娜告诉我们，应该做得很简单，但各部分应该

排演《暴风骤雨》小品：富农家寡妇李兰英（于蓝 饰）与贫农侯长腿（胡思庆 饰）

很准确。你自己相信了，观众也就相信了。所以要让观众相信我拿的是放大镜，那么首先我自己得想清楚放大镜是什么样。

为了实践斯坦尼方法，库里涅夫让我们在《暴风骤雨》中选择几个片段排演。大家对这本小说很熟悉，也都很喜欢。田华和鲁非排了一个小品片段，讲的是一个叫郭全海的男人（鲁非饰）劳动归来，在小河边洗脸，忽然发现一件短衫顺着水流漂了下来，他捞了起来，大声问："这是谁的？"原来那是地主家的童养媳刘桂兰（田华 饰）的，她跑上来，穿着布背心喊"我的衣服，我的衣服"，当看见这个年轻汉子，她不由得抱着双臂后退几步……如此，他俩就相识了。就像这样，把农村里的这些人物一个个地都介绍出来了。大家看得十分有趣。我想，若不是有库里涅夫指点，我们自己是无法想到这么生动的表演的。

从前我们在鲁艺实验剧团演戏时，都没有经过系统的学习，虽然也能演，但不会演得这么松弛、这么自然。经过这样的训练，感觉确实不一样。大家都很努力，戏排得非常好，对外售票演出，全国各地都有人来看。

老红军和群众告诉我什么叫真实的生活

除去系统性的理论学习和实践，表演还必须扎根生活。我们曾排了一部歌剧叫《周子山》，是根据土地革命时期一个真人真事创作出来的。剧本写得不错，但排了很多遍就是排不出来，干巴巴的，怎么都感觉不对头。水华、张庚没办法，决定请了解土地革命、了解地下工作的人来帮忙看看，就把一位叫申红友的老红军请来了。当时我还很年轻，不是很懂得他们的苦心。心想，他一个当兵的能懂什么？不相信他能帮上什么忙。后来在排戏的时候，我才终于领会到申红友的智慧，他是有生活的。比如，表演时，饰演红军小队长的刘炽穿着红军军装上场时，申红友问："你这上哪儿去？"刘炽答："去马家沟。"申说："那是白区，你咋穿着这身衣服？这不是暴露了吗？"他叫刘炽换上老羊皮袄，反穿着，说："如果遇到敌人，往羊群中这么一趴，就不会被发现了。"随后，饰演共产党员马洪志妻子的我一听见敲门的声音，就出来开门了。申红友立刻叫停："你咋出来开门？你知道敲门的是敌人还是自家人？有暗号吗？"我答不出来，说："我不知道。""那你再好好听一听。"我就懂了，听到敲门声不着急开门，再仔细听听，哦，是自家人，然后再开门，这就真实了。再比如，王大化演马洪志，随后他端着一盏油灯就出来了。申红友立刻止住了他，问："你咋就出来了？咱农村夜里有点灯的吗？""没有。你说咋办呢？"申红友让他找一个装米的斗来，左手拿着这个斗，然后把小油灯搁里头，外面根本看不到亮，这样地下工作的气氛就都出来了。这是多么的深入生活！

排戏得请懂的人过来作指导，同时也得真正到基层去。有一次，我在双谷峪参加老乡们为一位烈士开的追悼大会。山头上都是人，因为大会没有开始，会场仍然有人低声说话。突然会场安静了下来，大家都回头去看，我也抬头看，发现一位老人牵着一头小毛驴缓缓走来，毛驴上坐着一个女人，头上戴了孝。有人告诉我，她是烈士的妻子。按当时一贯的看法，我们就认为农村妇女的丈夫死了，会"哎呀，我的天啊"这样叫唤，可人家根本没有，就是坐在那里，非常沉静。这时候我懂了，她经历过地下斗争的磨炼，所以她知道，不能那样呼天喊地，因此克制住了。但是，从她凝重的表情，我能看出她是非常悲痛的。她既是农村妇女，又不是一般的农村妇女。我从她身上学到了这点，后来成功地运用在了《周子山》的表演上。

坦率地讲，一个演员的能力也是有限的，我成功塑造了很多角色，但也有实在演不了的。比如，我曾排过《万尼亚舅舅》，要演一个非常有风情的俄罗斯妇女叶琳娜。那时候女人如果有风情就属于有点儿"罪恶"性质的，一般人不敢流露出那样的气质，所以我没有见过。我跟演对手戏的男演员对于角色的理解不够透彻，只会一味地塑造悲剧人物，结果越演越严肃，越演越严肃，根本没办法完成这个戏。后来导演孙维世不得已把我们撤了下去，换成金山和另外一个女演员，那感觉一下子就出来了。而且我跟被撤下来的那位男演员都是中等个儿，穿上服装不好看，没有什么样子；金山他们长得都很高挑，穿上服装很漂亮的。这部戏排出来一下子就轰动了起来。

导演教给我演电影的技巧

后来，我从话剧转为演电影，也经过了一个调整的阶段。演话剧要比较用力，我的声音必须得传到最后一排；而拍电影则不同，有全景、近景、中景，还有特写，四个尺寸都不一样，所以用力根据景别的大小跟事情的发展各有不同，比话剧复杂得多。以前我都不敢看《白衣战士》，觉得自己在里面演得不是特别成功。那是我拍的第一部电影，当时自己对景别没有把握，老有点儿演话剧的那个劲儿。后来，张骏祥导演在拍《翠岗红旗》时，就不时对我进行点拨。比如，拍站着的一个镜头时，我问导演："我这时应该想什么？"导演回答："什么也不用想，就站那儿。"我心想，这导演怎么也不要求演员表演啊？张骏祥似乎发觉了我的心态，耐心地跟我解释说："不要不相信导演。在镜头的画面里，导演会看出哪样好，哪样不好，不需要你多加工。否则就把戏破坏了。"其实我后来才明白，那是个中景，拍的是腿肚子以上、我的侧背，根本看不到前面，所以，脸上也用不着有什么表情，还真的就是只需要站在那儿，自然环境跟我站着本身就形成了戏剧。我当时根本就不懂啊。

　　导演水华对我表演的帮助也很大，他要求比较严格。比如我演《林家铺子》，原本是要请舒绣文饰演因儿子被踩死而变疯的张寡妇，但她心脏病犯了不能来，水华就让我演了。这么凑巧，我曾经在大连亲眼看见一个幼儿被电车轧死，我知道那个角色心理上得受多大的创伤。所以，在拍张寡妇在见到儿子的帽子的场景时，我不顾一切地喊出："阿毛！阿毛……"这个镜头我一次就成功了。尽管如此，水华还是要求我再拍一遍，我也依照他的要求，在表演中依然迸发出了真实的感情，他这才满意了。然而，我觉得单凭一个镜头不足以表现张寡妇的心态，提出再加拍一场寻找儿子的戏，水华导演听后也认为有道理，便又加了几个镜头。我全心投入拍摄，一切顺着人物的内心感觉去走，去寻找，表现出张寡妇痛切的情绪，看得现场的拍摄人员都纷纷落了泪。所以我觉得这场戏是很成功的。谁知，后来看完成片，我发现加拍的这场戏全被剪掉了。我心里很不舒服，可又提不出什么意见，心里琢磨："为什么这样好的一场戏不要？水华这样处理是否正确？"

《林家铺子》剧照（于蓝饰张寡妇）

后来，我读了夏衍的文学本，感觉到剧本十分洗练简洁，从全局看，张寡妇寻子的细节，情绪虽然上去了，可却使得整个戏都拖沓了下来。所以水华剪掉它是对的。这给我这个在艺术上很不成熟的演员又上了一课。

回首过去，有太多人给予我指导、给予我鼓励，为我攀登艺术高峰鼓足了勇气。他们的身影、他们的教诲，都深深印在我的脑海里，让我记忆至今，不敢忘记。

怀念音乐家李凌

陈　晴

李凌是我国著名的音乐评论家、音乐教育家、音乐活动家。他 1913 年 12 月出生于广东台山，青年时期就酷爱音乐、美术和文学，才华出众。抗日战争爆发后参加家乡的青年救亡工作队，任艺术组组长。1938 年 7 月赴延安，在延安鲁迅艺术学院美术系学习，后转音乐系，得到人民音乐家冼星海的亲授，后曾任该院教务处教育科长。1940 年返回国统区从事统战工作和革命音乐工作。1941 年皖南事变后，在周恩来的安排下流亡缅甸，与张光年等组成抗日宣传队，并在这一困难的时期加入中国共产党。1943 年参加中华交响乐团，任《音乐导报》编辑，在陶行知先生所办育才学校任音乐组主任。1945 年在上海创建中华星期音乐学院，任院长。1947 年与马思聪、赵枫等在香港创建中华音乐学院，任副院长，为党培养和保护了一大批音乐骨干，成为新中国成立后专业音乐队伍的中坚力量。1949 年新中国成立后，他继续为新中国音乐事业呕心沥血。

我父亲和李凌爷爷的长女李妲娜是小学同学，几十年来常有来往。小时候妲娜阿姨辅导我学习小提琴。我拉的音不准，妲娜阿姨就耐心细致地给我纠音，我体会不了作品中的感情，她就绘声绘色地给我讲解。妲娜阿姨和爸爸还常常谈起李凌爷爷，从他们的谈话中我逐渐了解到李凌爷爷的生平、事迹、作品和他的音乐主张，使我从小就知道李凌爷爷是一个了不起的音乐家，音乐界的大领导。可是，当我后来见到爷爷的时候，怎么也不能把这位慈祥的老人和"中国文联书记处书记"、"中国音乐家协会副主席"、"中国音协表演艺术委员会主任、音乐教育委员会主任"等这些称呼联系在一起。他认真地询问我学习的情况，给我讲音乐，平易近人，和蔼可亲，没有一点居高临下的意味，而我当时还只是个业余学琴的孩子。

李凌爷爷于 2003 年 11 月病逝，至今已四年了。我时常怀念他……

新中国音乐事业的杰出领导人、音乐教育家和音乐活动家

中央直属艺术院团的老艺术家们在谈到李凌爷爷时常有争论，一个说："当时，李老正在我们团当团长。"另一个说："不对，是我们院的院长。"其实他们说得都对，差不多所有中央直属音乐、舞蹈团体都留下过李凌爷爷创业的足迹。

新中国刚成立，他加入了中央音乐学院创建者的行列，任教务长。当时百废待兴，他不仅抓教材、抓教学，还领着大家砌墙刷墙，整治环境。他任中央音乐学院音乐工作团团长。他抓队伍、抓创作、抓演出，更是忙得不亦乐乎，在很短的时间内就排练了一批精彩的节目。1950 年底与铁路联合办了铁路巡回列车，在铁路沿线慰问职工。1951 年 4 月又组织部分团员参加了中国人民第一届赴朝慰问团。1952 年，在他的亲自运作下，组建了新中国第一个建制完备的大型民族管弦乐队，排练了《春江花月夜》《金蛇狂舞》《喜相逢》等至今仍被奉为经典的名曲，推动了中国民族器乐的发展。中央歌舞团成立后，他任副团长，又做了许

多开拓性的工作：组建新中国第一支交响乐队，排练了《自新大陆》《狂欢节进行曲》等世界名曲，为我国交响乐的发展打下了坚实基础。他组织成立了合唱队，以无伴奏合唱等形式改编了陕北民歌《三十里铺》《兰花花》等，这些民歌传唱至今，成为民歌经典。1955年，他带队参加"布拉格之春"世界音乐节，之后横跨欧亚大陆，在波兰、阿尔巴尼亚、匈牙利、保加利亚、蒙古共和国做了长达八个月的巡回演出，使中国的民族音乐走上了国际舞台，实现了聂耳等老艺术家多年的夙愿，为新中国赢得了荣誉。

1956年中央乐团（现中国交响乐团）建团，李凌爷爷出任首任团长，又开始繁忙的建团工作。在他卓有成效的领导下，短短几年时间，团结和培养了一大批优秀的艺术人才，李德伦、韩中杰、严良堃、周广仁、刘淑芳、罗天婵等享誉中外的艺术家都是乐团的中坚力量。中央乐团排练了一批中外交响乐名曲，这些交响乐曲目成为乐团的保留剧目。他还建议搞星期音乐会，把交响乐的经常性上演的规模和次序建立了起来，使乐团成为新中国第一个优秀的职业交响乐团与合唱团。中央乐团的老艺术家们曾用诗歌深情怀念他们的老团长："老团长李凌——中央乐团，两个亲切的名字永生永世连在一起，你是中央乐团的心脏和灵魂，没有你就没有中央乐团，没有中央乐团就没有我们每个人自己。"

十年动乱后，他又先后任中央歌剧舞剧院院长、中央乐团领导组负责人、中国音乐学院院长，负责组建音协表演艺术委员会、音乐教育委员会，分别任主任。1984年和1985年，在年过古稀时，他创办社会音乐学院和中国函授音乐学院，为恢复和发展被"四人帮"破坏的中国音乐事业尽心竭力，奔走呼号，呕心沥血。

李凌爷爷是新中国音乐事业的杰出领导人，是杰出的音乐教育家、音乐活动家，是新中国音乐事业功勋卓著的缔造者之一。

音乐界的一代文豪

李凌爷爷早在抗战时期就创作了《青春中国》《不到黄河心不甘》等广为流传的歌曲，由他作词的"跌倒算什么，我们骨头硬，爬起来，再前进……"传遍全国，表现了全国人民和反动派斗争的顽强精神。他还创作了器乐曲《南国组曲》、民族管弦乐组曲《乡音》、舞剧音乐《铸剑》等各类音乐作品。

但是，他更大的贡献在于音乐评论。从 1940 年到 1949 年，在周恩来同志的亲切关怀下，他在重庆创办《新音乐》杂志，开展新音乐运动，克服重重困难和迫害，使《新音乐》出版了 9 卷，成为国统区影响巨大的进步音乐刊物。很多进步歌曲，如《古怪歌》《茶馆小调》《你、你、你，你这个坏东西》等，都是先在《新音乐》杂志上登出来、然后经过陶行知育才学校音乐组（李凌任主任）的音乐晚会在重庆唱响很快传遍全国的。他还在《新音乐》上发表了许多富有战斗力的音乐评论。

新中国成立后，他在担任繁重的行政领导工作的同时，还先后任《人民音乐》、《中国音乐》等音乐期刊的主编。他几十年如一日笔耕不辍，撰写音乐评论。他究竟写了多少篇音乐评论，没有人说得清楚，其中公开发表的就达数百万字，他的著译作品包括《新音乐教程》《广东音乐》《音乐杂谈》《音乐漫谈》《音乐浅谈》《音乐美学漫谈》《音乐札记》等 50 余部。

他学识渊博，才思敏捷，目光锐利。他的文章具有正确的导向性和鲜明的时代性，许多评论成为我国音乐史上的经典之作，将长远地指导我国音乐事业的发展。他的文章、著作几乎评述了新中国所有重大的音乐事件和音乐人才，成为一部活的新中国音乐史。

他坚持真理，实事求是，不跟风，不唯上。1957 年他因为提倡"轻音乐艺术"受到不公正的批判。1963 年后，他更是屡遭批判。"文革"初期，由于不吹捧江青所提倡的"样板戏"，他被江青点名批评。江青曾公开叫嚣"李凌这个人很坏"。李凌爷爷遭到迫害达 10 年之久。对于这一切，他豁达而又乐观地说："让时间证明谁是谁非。"几十年来政治风云变幻，许多人说了违心的话，写了违心的文章，但李凌爷爷的文章却能经受历史的考验。

一直到晚年他仍思想解放，思维活跃，与时俱进。1991 年至 1992 年，年近八旬的爷爷赴美国考察，马不停蹄地从东到西跑了八个城市，人没回国，一篇篇访美杂感已在《音乐周报》上刊出。回国不久，一本《旅美杂谈——访美音乐通讯》就整理出版了。

有人说："李凌是中国音乐评论第一人"，"李凌是中国少有的音乐美学家"。老音乐家李焕之称他为"我们音乐界的一代文豪"，他是当之无愧的。

中国音乐界的大伯乐

李凌爷爷"爱才"的美德是有口皆碑的。作为专业院团的领导，他深知人才的重要性。每到一处任职，他首先要抓人才，抓队伍。他从工作、思想、生活、家庭等各方面关心人、爱护人。每到一处，他总把一批有才华的艺术家团结在他的周围，使他们干劲十足，心情舒畅地干事业。他重视人才的培养，每当发现了好苗子，他就不仅在平时的排练、演出中为他们创造条件，还采用"请进来，送出去"的方式让他们提高。比如 1955 年在中央歌舞团，他请来苏联专家杜玛舍夫举办合唱指挥训练班，培训了我国第一批合唱指挥家郑小瑛、聂中明、秋里等，推动了合唱和指挥事业的发展。他还将一些人送入音乐学院或送出国门深造。

他十分重视和关心青年一代音乐人才，受到他直接鼓励、支持和诚挚关怀的青年音乐家就达数百位：歌唱家刘淑芳、姜嘉锵、叶佩英、才旦卓玛、胡松华……演奏家王铁锤、刘德海、闵惠芬、盛中国、俞丽拿……作曲家吴祖强、杜鸣心、施光南……可以列出长长的一串名字。他们现在早已是著名艺术家，他们的名声在普通人眼里可能比李凌爷爷还大得多，但他们初露头角时都受到过李凌爷爷的关怀与教诲，在他们遇到困难甚至受到责难时都得到过李凌爷爷的支持与帮助，这方面的事例不胜枚举。20世纪80年代初，年仅7岁的吕思清被他爸爸带到北京来，当时音乐学院附小还未恢复。李凌爷爷听他拉琴后，觉得他很有天分，有培养前途，立即为他四处奔走，并打电话给邓小平同志的女儿毛毛，请小平同志给予关心。不久小平同志就在关于科技大学少年班的讲话中提到"一个天才小琴童"应该破格培养而受到各方面的关注。后来他还安排吕思清的爸爸为函授音乐学院做教材绘谱工作，以解决他在京陪读的生活费用。

李凌爷爷不仅关心、培养青年一代，他对所有的音乐人才都关怀备至，让他们到最适合自己的地方发热发光。早在中央乐团时，有一批解放前专业院校毕业或从国外留学回来的业务骨干，他们已人到中年，在舞台上独唱、独奏已力不从心，去乐队、合唱队又有些屈才。又是李凌爷爷独具慧眼，根据他们理论功底厚实、基本功扎实的特点和专长，帮助他们联系到各省的音乐院校去搞教学。现在这些功成名就的老教授谈起李凌爷爷当年的决策，仍然是感慨万千，从心里赞叹他的英明与眼光。

治学报国　奋斗一生

——弟子眼中的冯其庸先生

———

叶君远

　　我是 1979 年考上冯其庸师的研究生的，与两位师兄一起有幸成了开门弟子，到今年已经 38 年，与冯师早已情同父子。1 月 22 日，当得知他已于中午 12 时 18 分安详仙逝的那一刻，我如闻霹雳，眼泪夺眶而出。之后几天一直沉浸在深深的悲痛中，做不成事，只写下了一副挽联以略抒哀伤、感念之情：

　　　　小子何幸，四十年亲承謦欬，师恩深逾沧海愧难报；
　　　　苍天无情，百千遍追忆音容，魂魄遽归道山呼不回。

　　静思默想往事，冯师谈古论今、衡文论艺的神采，对我谆谆教诲、耳提面命的情景，始终在眼前浮现。此外，冯师闲谈中对童少年苦难岁月及其后来岁月中所遭遇的种种坎坷的回忆，也一直萦绕于我的心中。

红学的"定海神针",为学术而生

从见到冯师第一面到现在,我与冯师的接触可以说不计其数了。印象里他永远粗衣布履,生活上毫不讲究,与人聊天极少谈家常,最喜欢谈学问,说起学术上的事情总是兴致勃勃,话题不断,对于学术的最新进展,尤其是考古发掘、出土文物,他永远充满了好奇与浓厚兴趣,日常娱乐好像和他不沾边。有人称他就是为学术而生的。

冯师做学问,如同他聊天给人的印象一样,兴趣极广,涉猎极宽。他从不被当代学科畛域局限,出入文史,贯穿古今,纵横驰骋,自由挥洒,只要发现了问题,发现了新材料,不管是什么领域,就钻进去,一穷其竟,直到解决了为止。红学家这一称谓最为人们所熟悉。确实,冯师以红学名世,他用一系列著作确立了一代红学大家的地位,其《曹雪芹家世新考》《论庚辰本》《石头记脂本研究》《论红楼梦思想》《瓜饭楼重校评批红楼梦》等著作,涉及作者家世、《石头记》早期抄本、《红楼梦》的思想意蕴、艺术创造等红学研究的各个方面,全都是红学史上里程碑式的经典论著。他还参与成立了中国红楼梦学会,创办《红楼梦学刊》,组建红楼梦研究所,实施和完成一系列红学基础工程,因此有人称他是红学的"定海神针",是红学之舟的领航人。

但冯师的成就又岂止于红学? 20 世纪五六十年代,他在人大主讲文学史,不像现在大多数教师只熟悉某一段、一辈子就只讲这一段。他从先秦讲到明清,还独立撰写了《中国文学史》讲义。经历"文革",讲义散佚,幸有学生喜爱冯师讲授,将讲义精心保存下来,如今经过冯师整理,成为一部独具特色的文学史教材,编入《瓜饭楼丛稿》面世。他30 多岁时主编的《历代文选》,最初是作为大一国文课的油印教材,后来被时任中国青年出版社编辑的周振甫先生慧眼发现,出版后风靡一时；这一时期他还发表了一批论文，其关于《三国演义》作者的考证、关于北宋词风的论述，都引起学界的重视。20 世纪 80 年代，他在无锡国专毕业论文的基础上完成了《蒋鹿潭年谱考略·水云楼诗词辑校》一书，这是关于清末大词人蒋春霖研究与作品整理的第一部专著。"文革"前，冯师还发表了大量戏剧评论文章，后来结集成《春草集》。这些文章分析剧情、表演、唱腔、舞美，见解高明，持论宏通，文笔酣畅淋漓，受到读者激赏，被戏剧演员视为行家之言、知音之论。此外，他对历史剧也深有研究，《〈精忠旗〉笺证稿》是代表作。这部几十万字的大作，20 世纪 60 年代就已经准备好材料并着手撰写了，但遭遇"文革"而停顿，此后历经波折，直到晚年，才得以完成。

冯师经常跨出文学，走进古代史。近年他便连续发表《项羽不死于乌江考》《千百年来一座有名无实的九头山》《唐玄宗入道考》《〈大秦景教宣元至本经〉全经的现世及其他》《玄奘取经东归入境古道考实》等论文，每一篇都是一个新领域、一个新课题，均能发人所未发，引起很大反响。

冯师对于文化史和艺术史格外关注，怀有持久的研究热情。举凡服饰文化、陶文化、茶文化、紫砂文化、舞蹈文化、新疆石窟艺术、古典园林文化等，他都有所思考，都写过文章。拿汉画像研究为例，他几乎跑遍出土过汉画像石、画像砖的汉墓，自己还收集大量汉画像拓片，后与人合作出版《汉画解读》一书。在此基础上，他撰文提出汉画像是"敦煌之前的敦煌"，是未受佛教文化影响的中华民族本生文化。"敦煌之前的敦煌"这一比喻形象生动，含意无穷，很快被学界认同，广为流传。正由于他对汉画像的渊博知识与卓异认识，因此被推选为中国汉画学会首届会长。

冯师的视线还穿越有文字记载的历史，投向原始文化。早在 1964—

1965 年在陕西长安县参加"四清"运动时，他曾与另一位老师一起发现了一处原始社会遗址，根据采集到的陶片、石器等，判断当属于仰韶时期文化遗存。他主笔写成《陕西长安县王曲地区新石器时代遗址调查》，后来在《考古》杂志发表。据《考古》编辑讲，在当时这是唯一一篇由非专业人士完成的考古调查报告。"文革"之后，冯师更是走遍各地，亲往原始文化遗址察看。在广泛的实地考察和综合研究的基础上，他撰写了《一个持续了五千年的文化现象》《关于中国文化史的几点随想》《关于傩文化》等文章，提出中华民族传统文化的起源是多元的而不是一元的，是相互吸收融合而不是兴此灭彼的，经历长期交融汇合之后，才形成了现在看到的光辉灿烂的中华文化。

行走的学者，读"天地间的大书"

冯师不是一个纯书斋式的学者，他深知，"行万里路"与"读万卷书"同样重要。他所崇仰的古代先贤几乎都是"车迹、舟船半天下"，冯师以之为榜样，一有机会便走出书斋，辛苦跋涉，游历天下。他把游历称作是读"天地间的大书"。

1964 年、1965 年在陕西长安县参加"四清"运动时，冯师利用节假日，到处探寻历史文化遗迹。干校三年，读不成书，写不了文章，他便抓住一切机会，足迹遍及赣、苏、浙、鲁、豫、湘、皖、桂。仅就江西而言，他两度游庐山，住秀峰寺内，读《庐山志》，然后按图索骥，寻访山中古迹名胜；几次游星子县，参观陶村和陶渊明醉石，访周瑜点将台、周敦颐爱莲池、黄庭坚《落星寺诗》中提到的落星墩；乘船到湖口，游览石钟山，特为体会黄庭坚哭苏东坡诗而来，因诗末有"赖有霜钟难席卷，袖椎来听响玲珑"之句，"霜钟"即指石钟山；去铅山，寻找辛弃疾墓未果，但发现这里的山都是倾斜的，就像万马奔腾一样往前奔跑，于是体会到辛词"青山欲共高人语，联翩万马来无数"描写之妙……

　　"文革"后，冯师就更是纵意东西，各处游历，哪怕严寒凛冽、炎暑蒸人，劳碌饥渴，也乐此不疲。因此，有人称他是"行走的学者"。他游历，不仅是为了获得阅读纸本书籍所缺少的实感，也是要做实地考察，将所闻所见与书面文献互相印证，以解决学术问题。比如他对项羽死亡之地的考证，过去的说法一直认为项羽死于乌江，《史记》《汉书》的结尾也是这样说的。但是《史记》《汉书》又有多处说项羽身死东城，这岂非矛盾？冯师一面继续寻找和细读文献，一面亲到楚汉最后一战发生的地域考察，从垓下到灵璧，再到定远的东城、阴陵、虞姬墓，也去了乌江，对各个地点的方位、地形地貌以及各地点之间的距离进行了考量。最后他写出了《项羽不死于乌江考》一文。大意是：项羽从垓下突围出来是八百余人，渡淮就只剩下百余人，然后从淮河到阴陵不足一百里，百余人就只剩下 28 骑。从阴陵到东城经过激战，还剩 26 人。东城距离乌江很远，有 240 华里，这时汉军数千人围之数重，而且项羽已是步行持短兵接战，无论如何已不可能再走 240 华里的战斗路程了。

　　历史上还有一种说法，讲项羽从东城突围，经由全椒县败退到和县境内的乌江，一日九战，因此人们就把全椒县境内的一座山称作"九斗山"，或称"九头山"。冯师经过调查，获知全椒县根本找不到"九头山"，所以新修县志取消了这座山；而和县老百姓也从来没有听说过这座山。于是他写成了《千百年来一座有名无实的九头山》一文，等于是《项羽不死于乌江考》的姊妹篇。他还考证出项羽死于乌江一说源出元杂剧，之后以讹传讹，造成混淆。

　　直到晚年，冯师行走的脚步也没有停止。他曾十赴新疆，开展对于西部历史文化大规模的调查。冯师此行主要目的是考证玄奘取经之路，旁及其他。凡玄奘经行、驻足之处，他都根据《大唐西域记》等文献，按迹寻踪，一段一段调查。地形地貌、历史遗迹、出土文物、民俗风情，一一进入他考察的视野。考察之地很多远离一般的旅游路线，险山恶水，旷野茫茫，荒凉萧索，人迹罕至，甚或危峰绝壁，怪石嵯峨，根本没有路，车不能行，只能靠两条腿，饥渴劳碌、颠危困顿是家常便饭。这些他都不放心上，一往无前。为了确认玄奘取经归来入境所走路线，他登上帕米尔高原，最高到达海拔4700米的明铁盖。同行的年轻人有的出现了严重的高原反应，两眼冒金花，头疼呕吐，狼狈不堪。他虽然也有反应，但由于格外专注与投入，竟忘记了不适，他戏称自己是"高山族"。这里的发现，让他兴奋异常。他目验了"瓦罕通道"路标和公主堡方位，亲耳听到当地流传的波斯商人赶着一千头羊和骆驼命丧于此的故事，还有"波谜罗川"（帕米尔）、揭盘陀等，无不与《大唐西域记》所记吻合，确凿无疑地证明了玄奘取经归来正是从这个山口下来的。之后不久，他写成了《玄奘取经东归入境古道考实》一文。赵朴初先生闻知后对冯师说："这件事是中国佛教界想做而未曾做之事，而你居然做到了。"玄奘是在唐贞观十九年（645）从印度回国的，到冯师重新发现并确认其入境的山口古道，已经过去1300多年。存疑千年的问题终于得到解决，冯师自谓平生快事无有过于此者。

2005年8月，冯师重上帕米尔海拔4700米的明铁盖，立下玄奘东归古道碑。这已经是他第三次登上帕米尔高原。此时，他已是耄耋之龄。2005年9月，他又深入罗布泊、楼兰，经龙城、白龙堆、三垄沙入玉门关，证实了玄奘回归长安的最后路段。其中整整七天穿行于茫茫戈壁，风餐露宿，有时艰辛得连随行的年轻人都有些撑不住，他却以玄奘万死不辞求取真经的精神自励，坚持不懈。

历时多年的实地考察，冯师越来越意识到开发西部的战略意义。在中央提出西部开发的规划之前，他就说："伟大的中华民族必将兴盛……全面开发大西北是其关键。"他还提出在经济开发之前，应该先进行西部文化的调查与保护。

后来中央开发西部的规划中，就包含了这样的考虑。可见冯师的学术研究具有多么重大的实践意义。

"瓜饭楼"主人，纯粹的文人雅士

冯师和所有严肃的学者一样，搞科研实事求是，踏实严谨，一丝不苟。但是他和一般学者又有不一样的地方，那就是他身上具有极浓重的传统文人气质。除了专业学问以外，对于传统文化的方方面面，他都钻研得很深。人们走进他的"瓜饭楼"，就会立即感觉到其兴趣之广泛：四壁都是书籍和书法绘画作品，书架几案之上，摆放着各种陶器、瓷器、紫砂壶、画像砖石、瓦当、雕塑、奇石、古印章、古墨、碑拓、盆景等，琳琅满目，古香古色，仿佛是一个小型的文物博物馆。他的集藏并不如世人那样主要从市场价值去考量，而是着眼于学术价值和艺术价值。每一件藏品他都能如数家珍地介绍其来龙去脉和相关知识，谈出自己的看法，见识既广，见解且高。拿紫砂壶来说，明代以来时大彬等名家之作，他虽未能尽阅，但经眼者很多，他自己还藏有一把清代制壶大家陈曼生的作品，对紫砂壶的历史，可谓了然于胸。他和当代紫砂壶大师顾景洲论交数十年，与顾老得意传人高海庚、周桂珍、徐秀棠等也往来频频。他还多次到宜兴去，为这些大师的作品题字，他撰写的《宜兴的紫砂艺术》《记陶壶名家顾景洲》《工极而韵，紫玉蕴光》等文章，对于紫砂艺术史侃侃而谈，绝对是行家的真知灼见。

说到文人气质，不能不说到冯师的诗词创作。在人们心目中，一个人如果不懂诗，不会作诗，很难称得上是一个纯粹的文人雅士。冯师虽然一生主要从事学术研究，并不以诗人名世，但他始终充满着诗人的激情，始终以诗人的心灵去感知世界、感受生活，言谈举止间，不经意地就会流露出诗人本色。他一生吟咏不辍，或诗或词，或长歌或短章，往往不加雕琢，很自然地从胸中流出。例如"文革"中有人说他的文章都是"大毒草"，他就偷偷写下一首诗："千古文章定有知，乌台今日已无诗。何妨海角天涯去，看尽惊涛起落时。""文革"刚结束，他忽然收到著名古园林学家陈从周的来信，知道好朋友还活着，立即口占一绝："思君万里转情亲，劫后沧桑剩几人？海上幸余陈夫子，书来赚我泪盈巾。"至情至性，感人至深。

西域游历则成为他诗词创作的高产期。登上嘉峪关后，他无比豪迈地赋诗言志：

> 天下雄关大漠东，西行万里尽沙龙。
>
> 祁连山色连天白，居塞烽墩匝地红。
>
> 满目山河增感慨，一身风雪识穷通。
>
> 登楼老去无限意，一笑扬鞭夕照中。

在高昌，他题诗云：

> 故宫断壁尚巍峨，双塔亭亭夕照多。
>
> 想见当年繁盛日，满城香火念弥陀。

到喀什，宿于疏勒，这里正是汉代定远侯班超当年之驻地，他感而有赋：

千山万水不辞难，西向疏城问故关。

遥想当年班定远，令人豪气满昆山。

　　冯师还擅长散文，结成集子的就多达六册：《秋风集》《落叶集》《夜雨集》《墨缘集》《剪烛集》《瓜饭集》。这些散文，叙往事，述友情，记游历，谈逸闻，每一篇都情深而笔灵，且多富于知识性，是典型的学者型散文。

　　冯师书法绘画的造诣也相当高。他很小的时候就喜欢写字画画，在无锡上学时，曾拜著名画家诸健秋为师。抗战胜利后一度考上苏州美术专科学校。后来主要精力用在学术上面，但只要有机会，就去观看书法展和画展，得空自己也挥毫遣兴。退休以后，有了整块时间，更经常沉潜于书法丹青的创作。从 1998 年起，他已经在北京和上海举办过多次个人书画展，还出版了《冯其庸书画集》《冯其庸山水画集》。2006 年 5 月在中国美术馆举办的那一次书画展尤其隆重和成功。展出作品题材，风格多样，画则山水、花卉兼备，书法则大字、小楷毕陈，既有逾丈巨作，又有尺幅短帧，既有高山深壑雄奇之境，也有一花一叶灵妙之思。评论家认为他的书画具有浓郁的书卷气，誉之为真正的文人字、文人画。

　　冯师还举办过"冯其庸发现考实玄奘取经之路摄影展"，出过《曹雪芹家世〈红楼梦〉文物图录》《翰海劫尘》两部摄影集，以极富人文内涵与学术气息的摄影创作给予读者不一般的感受。

风雨淬炼出来的大师，报国一生

　　冯师能够达至这样的学问境界与人生境界，与他个人的经历密切相关。1924 年，冯师出生于无锡前洲镇一个非常贫苦的农民家庭。他跟我讲，小时候家里常年过着半饥饿的日子，最为刻骨铭心的记忆就是母亲的啜泣声——母亲哭泣，总是因为家里第二天就要揭不开锅了。冯师叙述到此，每每哽咽得讲不下去。他说断粮的日子里，全家人多是用南瓜来充饥，所以冯师对南瓜有着特殊的感情，他把自己的书斋命名为"瓜饭楼"，画画爱画"南瓜图"，都是缘于此。

生活之贫困如此，求学之艰难也就可以想见了。而他偏偏又赶上了乱世。小学五年级，日本侵华战火延烧到江南，腥风血雨，鸡犬不宁，学校关门，学生失学。他 13 岁就成了家里全劳力，下地种田，辛苦备尝。三年后才有机会上中学，可读到高中一年级，再度失学，这样直到抗战结束。

失学的日子里，冯师并没有灰心丧志，读书成为他在苦难环境和繁重劳动中的心灵慰藉。每天晨昏和田间休息，他都抓紧时间读书，就这样，几年中读完了《三国演义》《水浒》《西厢记》《古诗源》《唐诗三百首》《古文观止》《史记菁华录》《浮生六记》《论语》《孟子》等当时所能找到的书。晚年回忆往事，他开玩笑说，抗战八年，自己上的是自修大学，爱读什么就读什么，有什么就读什么，一点都没有拘束。虽然主要凭借兴趣，但是也需要毅力，特别是干农活时，劳作那么累，生活那么苦，人很容易消沉，很容易倦怠，这时候就要锲而不舍，持之以恒。

这种精神贯穿了冯师一生。"文革"中，他认定传统文化不会灭绝，国家和人民需要学术研究，所以只要气氛稍微松动，他就偷偷读书，照常思考学术问题。最动人的事迹是他手抄《红楼梦》。"文革"初，冯师的影印庚辰本《石头记》被抄走，并当作黄色小说予以展览。他痛心疾首，也焦急如焚，怕万一此风吹向全国，《红楼梦》就要遭受灭顶之灾，于是决心手抄一部。1967 年底，他悄悄借来一部庚辰本《石头记》，完全按照原书用小楷抄写。白天劳动，夜深人静时便做这项"地下工作"。从 1967 年 12 月 3 日开始，到 1968 年 6 月 12 日凌晨抄毕，历时七个多月。大功告成之日，他胸中涌动着无限感慨，曾题一绝："红楼抄罢雨丝丝，正是春归花落时。千古文章多血泪，伤心最此断肠词。"这部抄稿今天已经成为红学史上具有版本和艺术双重价值的文物。

　　冯师一生经历了太多的困苦忧患：贫困、劳顿、挫折、打击、劫难……但他从没有消沉，从没有懈怠，风雨淬炼，反而使得内心更加强大。其探求学问之心至老不变，追求真理之志至老弥笃。这样的人生境界，来自他对传统文化和祖国人民的挚爱。冯师曾在《逝川集·后记》中吐露心声："我认为一个人生活在世界上，一辈子消耗了劳动人民创造的物质财富。对于我们这些从事精神劳动的人来说，应该把这些消耗的物质财富转化为精神产品。司马迁一辈子的消耗，转化成一部伟大的《史记》；杜甫一辈子的消耗，转化为一部《杜诗》；曹雪芹一辈子的消耗，转化为一部《红楼梦》。他们实在无愧于劳动人民的供养，他们为我们伟大祖国留下了不朽的精神财富和无穷的精神力量。"

雍容揖让　贤者风范

——我眼中的周巍峙

————

卢　山

　　我是在 1977 年 8 月下旬认识周巍峙同志的。

　　有幸的是，在此后的 20 多年中，我除先后在艺术局工作数年外，从 80 年代初开始，曾在巍峙同志身边当过几年秘书；1988 年离休后，又一直在他的领导下从事革命文化史料征集、编辑工作。虽说而今我也已届古稀之年，却依然跟随在他的左右，为史料工作做贡献。

　　就我所知，半个多世纪以来，巍峙同志在文艺工作的领导岗位上所接触到的人真是多如繁星。凡与他交往过的同志，无不为他的贤者之风所折服、所倾倒。

　　全国政协委员、广东省舞蹈家协会主席、我国著名舞蹈家陈翘给我讲了一些她自己的亲身经历：

　　1980 年，文化部在大连市举办"全国第一届舞蹈（独舞、双人舞、三人舞）比赛"。由于这是粉碎"四人帮"之后第一次舞蹈专业比赛的盛会，参赛的单位有几十个，各地舞蹈界、文艺界人士及新闻、宣传单位的有关人员纷纷前往观摩学习、采访报道，致使偌大一个大连市的宾馆、饭店几乎全都住满，剧场里的观摩票自然也就非常紧张，不仅数量不敷分配，座次优劣也更难照顾周全。那时，陈翘是广东省民族歌舞团副团长，也在大连观摩，她领到的观摩票的座位竟然是楼上 12 排。这对陈翘这样一位爱国侨属，一位对祖国民族舞蹈事业和舞蹈创作十分执着、十分热爱的舞蹈编导者来讲，自然是非常懊丧和烦恼的。由于座位太远太高，看不清楚，她情不自禁地讲了一些气话。不料，此事很快为周巍峙同志所知。他作为大会的领导人，对这种情况深感不安，便在研究工作的会议上，要求改善票务工作，特别是对编导人员务必予以优待。舞蹈比赛结束回到北京后，巍峙同志还在百忙中挤出时间前往陈翘所住的饭店，去看望这位比他年轻得多的舞蹈工作者，而且是三顾其室才见到陈翘本人。这对许多领导人来讲是很难做到的。陈翘为此十分感动。

紧接着，同年年底，为了提高舞蹈编导的艺术修养和创作水平，文化部为这次参赛作品的作者举办了一期编导人员进修班，那次陈翘虽然并没有带作品去参加比赛，进修班本无她的名额，但出于陈翘对祖国民族舞蹈事业的忠诚和酷爱，巍峙同志还是特批她和温州市一位只有二十几岁的颇有舞蹈创作才能的业余编导李蔚蔚参加了这次进修班的学习，使她们获得了一次充实、提高自己的良机（后不久，李即转为艺术表演团体的专职编导）。

陈翘还说，她在 1984 年参加大型音乐舞蹈史诗《中国革命之歌》的创作。排练工作时，因为巍峙同志亲临挂帅，他们又一次相遇，而且相处长达一年。在这一年多的接触中，她亲眼看到巍峙同志非常注重深入群众，关心群众，结交群众甚为广泛，与演员、工作人员亲密无间，息息相通，甚至对许多人的脾气秉性、兴趣爱好、生活特点、工作能力、业务水平等都了然在心；不管谁遇到什么困难、问题前去找他，他都是耐心细致地加以疏导，予以解决，从不发火，更不推诿，所以大家都乐意与他接近。陈翘是个工作非常认真而又心直口快的人，只要一遇到烦心的事，每每挂在脸上，不掩不藏，若是正好被巍峙同志看见，他便会笑呵呵地问："刚才不是还风和日暖，出着大太阳，怎么现在忽然又晴转多云，多云间阴，快要下雨了呢？有什么困难快跟我说说吧！"就这么一句感人肺腑的话语，便能让陈翘顿时云消雾散，像竹筒倒豆子似的把满肚子的委屈和意见全都抖搂出来。

其实，像陈翘以上所讲的事例，在巍峙同志的经历中，真是比比皆是。在我担任他秘书期间，亲眼目睹了他与干部、演员、群众那种水乳交融的关系。他的工作是那么繁忙，既要参加部内外一些必要的大小会议和各种活动，主持这样那样种类繁多的会演、比赛，又要审批部内各司局和各省、市文化厅局以及部直属单位送上来的一摞摞的报批材料，还要阅读一沓沓中央和国务院下达的各种文件。他在各种会议上的讲话，绝大部分都是自拟提纲，临场发挥，再由别人整理，他又反复思考，亲自修改，十分认真，这方面也花去了他许多时间。他每天工作都长达十几个小时，甚至连我这个天天跟在他身边工作的人想要向他请示、汇报一些什么工作上的问题或急事、要事，也还得见缝插针。但是他对群众却是来者不拒，只要不是正在开会，如果有群众来访，他都尽量接待，绝不拒人于千里之外。他与那种"人难见、脸难看、事难办"的作风格格不入。正是由于这样，文艺界许多人有事都愿意向他请教，找他商量，求他帮助，让他指点。每逢见面，都亲昵地直呼他老周、老团长或巍峙同志，围着他说这说那，不肯离去。

人们不仅到办公室里找他，而且更喜欢到家中去找他。因为在他家中谈事，气氛更好，更自然，更开怀，还可以谈得更透彻。而他呢？也觉得在办公室谈显得有官气，容易使人感到拘谨，不亲切，不敢敞开思想，特别是有些文艺家是不太喜欢见官的，所以他常主动约请一些人到他家中交谈。他的家里真可谓座上客常满，杯中茶不空。此外，他还经常走出家门，主动到一些同志的住处去登门造访，或商谈事情，或听取意见，或问寒问暖，或探视病情。他更爱和文艺界的挚友一起品茗闲叙，评古论今，海阔天空，无拘无束，和谐温馨，其乐融融。

　　他所交往的人群中，既有新中国成立以后与他共事或在他直接、间接领导下的同志，也有新中国成立前 30 年代或抗日战争、解放战争时期与他并肩战斗过的老战友、老部下、老相识。对于所有这些同志他都以诚相待，而对于文艺界那些耄耋老人，他就更加关怀备至。像巴金、贺绿汀、于伶、袁雪芬等，他每次出差到上海都要抽空到家中去探望。北京的冰心、曹禺、丁玲、艾青，还有张庚、启功等，他也常登门看望。他不是以一个领导人的身份去关心一下老人，而是以晚辈、学生的身份去看望这些文化界的前辈。他对他们十分敬重，若有事还真诚地向他们请教；他们要办的事，他也尽力去办。钱君匋先生是 20 年代的老文化人，善作书籍装帧，善画善书善篆刻，新中国成立后没受到重视，还被戴上种种帽子，周和他并不熟，但知道他的学术成就及其对出版工作的贡献，便于年前专程访问，并带去北京美术界、书法界同仁对这位92 岁老人的问候，谈起 30 年代文化工作的情况十分欢快，并相约去看以钱命名的艺术馆，但很遗憾，没几个月钱就故去了。田汉同志去世后，周把田汉许多生前往事常挂心间，按照夏衍生前的嘱咐，对如何研究田汉的创作道路和发扬其革命作风问题比较重视。前几年和文艺界的老人们一起曾为成立田汉基金会的事做了很大努力，四处奔走，终于得到中央的批准。他还亲自向宝钢领导集资共同建设田汉基金会，并为纪念田汉 90 周年诞辰举行隆重的纪念活动，受到了中央和各界朋友的重视。我还亲眼看见马彦祥同志生前有一次在文化部开完会拄着拐杖从会场出来时，巍峙同志急忙上前搀扶，一直把他送上汽车。

巍峙同志也是一位重感情的人。原西北战地服务团的邵子南是小说《李勇大摆地雷阵》及长诗《白毛女》的作者，因不治之症，30 岁时不幸早逝，在邵 80 周年诞辰时，巍峙同志还专程赶到四川资阳市邵的家乡去参加纪念活动，看望邵的亲属，表达了老战友之间的一片深情。在周扬病重到故去的几年间，他和王昆多次前去看望，是慰问是尊敬，更是带着深深的遗憾，心情十分沉重。

他就是这样，以自己真挚的感情，博大的胸怀，火热的心肠，谦和的作风，为党团结、凝聚着文艺界一代又一代的人群。正因为在他心里永远装着这许许多多的男女老少，因此，这些天南海北的人也都常常牵挂、惦念、依恋着这位永怀赤子之心的老黄牛——周巍峙。

当然，这并不是说在文化部系统或文艺界就没有反对他或对他有意见的人。由于他长期处于领导岗位，每天所接触的人必然是各种各样，不仅水平能力不同，思想观点不一，而且处世态度有别，品格气量迥异，但"君子不以言举人，不以人废言"，巍峙同志从来不以个人好恶影响他对原则问题的处理，或单凭某些只言片语固定看人。对于那些反对过他，或以恶言恶语刺伤过他的人，他总是心平气和、客观对待，不意气用事去加以排斥或随意褒贬，或置人于沟壑。对在"文革"中批斗过他甚至个别打过他的青年人，他都加以谅解而不记恨。即便是极个别的在背后搞阴谋诡计品质恶劣的人，他虽心中有数、是非分明，但也仍按对方的工作能力安排适当工作，决不因自己受到伤害而挟嫌报复。他听到不少同志说他是"东郭先生"，他也一笑了之，不以为意。

记得 1979 年，部直属单位有一位干部很想调到部机关来工作，可是却一边送申请报告，一边扬言："我若是调到了文化部，只要一个星期，就能把周巍峙搞倒。"按理，巍峙同志明知此人心怀叵测，完全可以不批准他到部里来工作，免得给自己找麻烦，但他并没有那样做，而只是考虑到这个同志到部里来专业对口，于是便同意调进部里工作，就像没发生过任何事情一样，后来还将这个同志和其他老处长一起提为司局级的干部。事后我们问他怎么这样宽宏大量，他慈祥地笑笑说："他并没有把我搞倒，事情过了就算了，何必和他计较。"

1981 年，巍峙同志刚刚担任文化部代部长，便遇到了电影《太阳和人》的事情。他对这部片子存在的问题一开始便十分重视，而且抱着非常严肃、认真、慎重、负责的态度，在征求各方意见的基础上，经部党组集体研究，报请中央批示后，进行了妥善的处理。关于这个情况，文化部机关的许多同志都很清楚，但竟有个别人向中央告状。对此，巍峙同志既不做任何追究或解释，也不存些微芥蒂，更不伺机报复，只是让它随着时光的消逝而逐渐淡忘于脑后。

巍峙同志对他身边的工作人员也是既严格又宽厚。严而不厉，宽而不纵，豁达仁厚，亲如家人。20 多年来，先后在他身边当过秘书和司机的人，总共有七八人之多，其中男女老中青全有，但不管谁在他身边工作多长时间，也不管谁已离开他若干年月，他都始终一一挂在心上，时常予以关怀和垂询。我们当面都叫他巍峙同志，背后却尊他为"老头儿"，只要一提"老头儿"，就都知道指的是他；即便是在他面前说话时偶尔露出了这个专用的代名词，他也习以为常，笑呵呵地听我们在他跟前谈天说地。每年正月初一，他还专门把我们这几个人邀到他家中去聚会。这自然是他对我们的关爱，我们也乘机给他和女主人王昆同志拜年。这天上午，巍峙同志从大会堂团拜回来，我们便都在他家集合，亲亲热热地把他团团围住，自由自在地坐在沙发上，呷着淡淡的茶水，说些让大家都很开心的事儿；中午吃上一顿美味多样、新鲜可口的午餐，喝上几杯好酒，在餐桌旁还能听到王昆同志讲几则使人捧腹的笑话；午饭后几位男同志再陪巍峙同志打上几圈桥牌，然后尽兴而散。这已是我们多年来形成的"传统"，至今仍在继续。

前年春节，在巍峙同志家过年，听晓田同志讲了一桩他当秘书时的逸事：

1985年8月中旬，巍峙同志要赶往哈尔滨市去主持一个全国性的活动——聂耳、星海声乐作品演唱比赛。晓田托人买好火车票以后，就告诉巍峙同志票是15日的。15日上午，司机小陈开车把他和晓田送到北京火车站，然后他们二人便提着简单的旅行包，一前一后，低着头径直往检票口走去。当走到检票员面前时，巍峙同志伸手递上火车票，检票员拿起一看，马上又把票还给了他，客气地说："您的票是明天16日的，今天不能走，请明天再来。"巍峙同志一听，稍愣了一下，不用看票就已经明白了是怎么回事。于是，二话没说，回头就又往出站口的方向走去，准备回家。当时，晓田自然有些紧张：自己怎么这样粗心？虽说交代人家买票时是说要买15日的，可是拿到票以后怎么也没有仔细看看？今天竟让"老头儿"到火车站白跑一趟，这岂不是罪过！可是，再扭头一看，巍峙同志的脸上居然连一点儿火气也没有，一句埋怨的话也没说，就像什么事情也没有发生过，神态自若，信步走去。出站一看，司机小陈已无踪影，早就把车开走了。二人无奈，只好叫了一辆出租汽车返回。巍峙同志跟晓田笑笑说："咱们这是做了一次没有目标的旅行。"

晓田讲完以后，大家都笑他"马大哈"，我也乘机调侃，问巍峙同志怎么不狠狠剋晓田一顿，让他好好长长记性？巍峙同志却笑眯眯地说："他自己已经知道错了，我又何必再说！"

其实，我在当秘书的时候，做的傻事也不少，巍峙同志也从不责备。

　　现在，巍峙同志仍不负党和人民的委托，殚精竭虑，担当着中国文联主席、全国艺术规划领导小组组长和文化部党史资料征集工作委员会主任等领导重任。我和那些在他身边工作的朋友，都愿将"健康长寿、吉祥如意"这八个大字奉献给他，以表示我们对他的一片爱心！

半师半友于是之

———

梁秉堃

光阴似箭，于是之去世已经整整四年了。我有一张他的照片——完全灰白的头发，眼睛已经变小，太阳穴塌陷下去。看着照片，我仿佛看见当年去探病的情景——是之有气无力地说："人生小势可造，大命难违！"我连忙点头称是。——这就是我们常有的交流方式，话不多，却总能引起我的思索。

是之长我九岁，同我一样生长在"孤儿寡母"的家庭。我们是"半师半友"的关系，一起工作和生活在剧院里有 60 多年，他的帮助和教诲令我终生难忘。

"要用心去拥抱生活"

是之出身贫寒，正直、勤奋、好读书、能演戏，同时也容易冲动、好流眼泪、内心很自负，具有老知识分子的很多特质。

20 世纪 70 年代，是之被推选为全国政协委员，每年国庆节的时候都有机会去天安门广场参加庆典活动。有一年他突然患了重感冒，于是把这个宝贵的机会让给了我。整整一个上午，我都是在兴高采烈、应接不暇中度过的。回来以后，我马上到是之家里，向他诉说了自己欢乐的感受。是之一边听一边点头，连连说道："那真是一辈子都难以忘怀的事情啊。"顷刻间，他的眼眶红了起来，停了一下才缓缓地说："每次盛大游行快要结束的时候，一排排'红领巾'欢呼雀跃地奔向天安门城楼，就像是一条条百花争艳的小地毯滚动着向前……看着这种动人的场面，听着这种动人的声音，我的心头阵阵发紧发酸，实在是受不了啦！看着看着，眼睛里的泪水就挡不住地流了下来，湿透衣服的前襟，好半天都平静不下来，好半天啊！"他说着说着，热泪又不由自主地湿润了眼睛，闪闪发光。我没吭声，顿时想起了是之常说的一句话："咱们要用心去拥抱生活。"这正是艺术工作者的根基所在。他总是这样，用一颗炽热的心去拥抱、体会生活。这也是为什么他演戏演得那样好的原因之一。

"读书是一件最容易的事"

是之是一个嗜书如命的人。他曾经说过："我最害怕演员的无知，更害怕把无知当作有趣者。演员必须是一个刻苦读书并从中得到读书之乐趣的人。或者，他竟是一个杂家。浅薄，而不觉其浅薄，是最可悲的。我自己，只不过是一个浅薄而能自知其浅薄的小学生。这样，便能促使我不断地有些长进。"

在读书求知方面，是之同样是我的良师益友。依我看，一个人要养成读书求知的习惯，总是靠熏陶渐染逐步形成的，光靠压、逼、打、骂似乎都无济于事。这就需要有一个稍微好一些的文化环境。老实说，北京人艺的文化环境是相当不错的，读不读书就看个人的毅力了。一次，是之笑着告诉我："我觉得读书是一件最容易的事。你看，只要有一双眼睛，再加上一本书，就算解决问题了。可以不花钱，或者少花钱。也许就是这个原因，我从小养成了读书习惯。至于读什么书、怎么去读，我想还是自主一点儿、自由一点儿更好。"

在是之的帮助下，我制订了一个读书计划：每周读一部经典话剧剧本，并且认真撰写读书笔记。每年读 52 部作品，如此坚持数年以后，我总算是积累了一些戏剧、文学、语言方面的基础。现在看来，这对我一生的作文和为人都是大有裨益的。

"艺术美的表现"

有一年，我认真读了雪莱的诗剧《倩契》，并牢牢记下了这样两句精彩台词："哦，你这没有一点声音的空气，但愿你没有听见我现在所想的一切吧！还有你，踩在我脚下的路面，我要踩着你，走到她的闺房里去，你的回声，可以传出我鄙视惊讶、睥睨一切的步伐，但是决不要说出我的心意来啊！"对此，是之讲解说："这就是美的表现。你看，作家写了一个坏人，非常之坏，但是一点也没有简单化。第一，他写了一个坏人；第二，他写的是一个有矛盾、有愧疚的活人，是一个能让观众爱看和思索的人物形象。只有给观众以美的享受，大约才能算得上是一个文学艺术的形象。对吗？"

在我读完关汉卿的剧本《窦娥冤》后，是之问："除去关汉卿的原作以外，还有一个陈某人的改编本子，你看过吗？"我连连摇头说："没有，根本不知道。"为此，他就认真讲解起来：陈某人的改编本子里，在天上飘着"六月雪"，钢刀斩窦娥后，是这样两句台词——刽子手甲说："那好，咱们赶快告知蔡婆婆前来收尸吧！"刽子手乙点头说："我这就去把她快快找来！"而关汉卿的原作本子里，这两句台词完全不

1958 年，话剧《茶馆》演出后，于是之（前右二）、焦菊隐（前左二）、老舍（前左一）等人座谈

同——刽子手甲说："哥儿们，今天咱们的手艺够意思吧？"刽子手乙哈哈大笑着喊出："那是。走！咱们这就吃酒去！"是之解释道："前者只是按照生活原貌交代出故事的情节而已；后者则是从艺术的高度上表现了元朝黑暗社会的典型本质——箭穿雁口，杀人如麻，而且还要习以为常。刽子手刚刚杀了人就可以满不在乎地去喝酒取乐！"是之停了一下，又加重口气地问道："你看，这后者不同样是一种艺术美的表现吗？"

"演员拼的是修养"

是之不仅仅是一位优秀的表演艺术家，他在戏剧文学上的造诣也是非同寻常的。

20 世纪 70 年代，是之担任剧院创作组组长，负责北京人艺全部剧目的保障工作。有一次跟我聊天时，是之兴奋地说："首先，剧本是剧作者写出来的，而不是什么领导人抓出来的。我必须有这个自知之明，不然什么都谈不到。对于剧作者，我一定要满腔热情，亲切关怀。现在

话剧《茶馆》中的王利发（中）是于是之塑造的经典角色之一

话剧剧本难度大、周期长，稿费又低，剧作者的积极性还不得加倍地好好保护？要平等待人，尊重人家的艰苦劳动。至少在写的题材方面，你不如人家懂得多！要先问清楚剧作者的立意，然后再提出建议，共同商量。反正，你提什么他就改什么，你让他怎么改就怎么改，那是绝对搞不出好作品来的。还有，来稿千万不能积压，抓紧看稿，每次要看两遍。第一遍只是印象，第二遍才能出些想法。最后，自己一定要用铅笔来改稿，定稿以后不必再看。铅笔改稿，人家不同意就可以用橡皮擦掉；你改完了不再看，能够与人方便自己方便。……再有，告诉剧作者在完成本子以后，必须至少还要看上两遍再拿出来，至少！"他停了一下，又着重地说："我的经验教训是，如果真想搞好抓剧本创作的工作，就得学习。不真正了解生活、不多读上两本书，光靠说说空话，定会是一事无成的！"

记得演员李保田曾经问过是之："您说，一个演员在舞台上、屏幕上和银幕上，他最后要拼的是什么呢？"是之毫不犹豫地回答道："一个演员拼的是修养，而绝对不是技巧。技巧是可以在几年之内学到手的，修养则是必须要学上一辈子的事情！"也就是说，正如是之历来主张的那样，一个演员一辈子都要读书，要读一辈子的书。自然，剧作者也更是应该如此。

"戏比天大"

毫无疑问，晚年患病、再不能演戏的是之是痛苦的。我想起他和林连昆生前一个令人难忘的镜头。那时，是之和林连昆同住在一家医院里，一天偶然在电梯间相见了。两人都坐在轮椅上，相对无言，很久，很久。此时，是之已经是因病而根本说不出话来，林连昆则是尚能说话又实在不知道说什么话才好。四只眼睛互相凝视着，悲痛着，惋惜着。他们表演风格相似，都是以精彩的台词塑造出人物形象而著称。是之曾经说过："我的表演只有林连昆能够说得清楚。"林连昆也说过："于是之正是以勤奋的创造精神，以他真挚、朴实、含蓄的表演风格，30 多年来，在话剧舞台上塑造了几十个生动的人物形象，给人们留下了十分深刻的印象，从而展示了他的才华。"然而，这两位才华横溢的演员，彼时终究无法再次回到他们所热爱的舞台上去了。

自患病后，是之常常一个人坐在书房里的写字台旁，或看书，或写字，或沉思，一待就是一两个小时。由于记忆力的衰退和语言障碍的增多，他与别人的交流也越来越少了。有一次，我在家里忽然接到是之夫人李曼宜大姐打来的电话，说是之让我帮他想想原来《文艺报》副主编的名字——那是一位男士，50 多岁，经常看剧院的戏，还经常参加座谈会。我推测了好一会儿，才说："他说的是不是钟艺兵啊？"是之在电话旁连声"喔喔"称是。后来，曼宜大姐没有办法，就把是之常需提到又一时想不起来的一些人名和戏名，统统写成小纸条儿，贴在书柜的玻璃门上。

　　还有一次我去看他，我们坐在书房里，你看着我，我看着你，也是相对无言良久。最后，他竟默默地流下泪来。对此，我是完全懂得的、理解的，只能缓缓地点头，再也不敢看他一眼。他吃力地连比画带解释："年纪大了——感情脆弱——遇见什么——都想哭——"他边说，边用手背擦去已经溢出来的泪水。我们心里都明白，是之已经无奈地离自己的好梦越来越远了，以至到了前景无望的程度。每每见到这种欲想不能、欲语不能、欲做不能的情景，我便会想起苏轼的《江城子》来："十年生死两茫茫，不思量，自难忘。千里孤坟，无处话凄凉。纵使相逢应不识，尘满面，鬓如霜。"苏轼依依难舍的是人，是之依依难舍的是戏。我想，也许对于"戏比天大"的是之来说，正是这一个人在灵魂撕裂般的煎熬之中，在漫漫暗夜里一心向往着天明的痛苦，最终伴随并成就了他高尚的情怀。

王洛宾为我写的一首歌谱曲

———

王晓辉

　　享有西部歌王之誉的王洛宾先生在 20 世纪 80 年代初期，曾经为我写的一首歌词谱曲。每当我唱起那熟悉的旋律，便忆起了西北边陲绿色军营的生活，想起他那和蔼可亲、平易近人的音容笑貌……

　　那是 1983 年夏初，我奉命组建和带领解放军三六四二九部队政治部业余文艺演出队，准备参加乌鲁木齐军区后勤系统业余文艺会演。演出队的演员是我从所属部队抽调来的，集中在玛纳斯兵站集训排练。他（她）们当中有汽车团的、有医院的、有仓库的、有生产基地的，也有生产建设兵团的。演出队有一位叫尤玉花的蒙古族姑娘，她的自然条件不错，有一副女中音的好嗓子。可惜的是，她不识谱，也没有受过专业训练。不过，我还是选中了她，并且为她选了几首适合女中音演唱的歌曲。这时有人说，作为部队业余文艺会演节目，总不能全是电影插曲吧，应当有自己部队创作的特色节目，于是，我便写了一首歌词，叫作《边防战士的家》。

　　在我们所属部队有个乌尔禾兵站，当时是全军区后勤战线上的一个先进典型。这个兵站地处距克拉玛依 100 公里处的戈壁滩，是通往边境的必经之路，战略位置十分重要。建站之初，那里满目荒凉，官兵们选定这个要塞安营扎寨，历经一茬又一茬官兵的辛勤开垦，使这里变得营房齐整，绿树成荫，一年四季都能吃到自己生产出来的肉蛋和新鲜蔬菜，让过往人员到此地就像到了家里一样温暖。我曾经专程到乌尔禾兵站采访过一个星期，走访过周边的兄弟部队和石油钻井队等友邻单位，最后写成了一份乌鲁木齐军区后勤系统先进单位的典型材料。

新疆地域辽阔，交通运输以汽车为主要工具，而连接四面八方的枢纽，正是兵站。以乌尔禾兵站的生活原型为基础，歌颂遍布全疆的兵站，是很有意义的一件事。记得，当时我写的《边防战士的家》中，歌词是这样的：

戈壁滩上的一簇红柳/挺着那倔强的身躯哟，

挡住星光里的风寒/遮住酷热的日头，

笑悠悠/迎朋友/迎来了边防战士，

为他拂去旅途的累与忧/为他拂去心头的思乡愁……

歌词写出来以后，我便和演出队里一位最年长的演员王文绪一起，驱车赶往乌鲁木齐，想请王洛宾先生为我的歌词谱曲。王文绪是 1948 年参军的老同志，曾经在西北战斗剧社工作过，他与当地文艺圈里的老同志比较熟悉，认识王洛宾先生。但我还是心存疑问，王洛宾是大名鼎鼎的人，他能肯为一个部队业余文艺演出队谱写曲子吗？

没想到，见了王洛宾先生，他很爽快，欣然应允。事情正像我们期盼的那样如愿以偿。王洛宾先生当时和我们同属一个军区部队，几十年边陲的生活，使他非常了解边防战士们。所以，为边防战士们谱曲对他来说是义不容辞的事情。他看了歌词以后，连声说了几个"好"！并建议把歌词中的"妈妈"改成"母亲"，说那样显得更庄重些。然后当即便在信纸后填上复写纸，立刻在歌词上谱写曲子，我们在旁边等候的时间不太长，一首曲子便谱写成了。出于多年对民歌采风以及音乐素养的积累，好像王洛宾先生的脑子里储存着许多优美的乐曲似的，随时都可以飞出动听的旋律。

回到玛纳斯兵站演出队以后，我便安排人教尤玉花同志学唱这首歌。几个月过去了，我们排练了一台两个多小时的文艺节目，准备参加会演。临出发前，部队首长黄宗邦、政治部主任王文和政治部副主任冯玉华前来送行。首长们非常体谅我们，没有给我们任何压力，只是说"只要不当副班长就行"。我代表演出队全体官兵表态："我们要稳拿第三，不放过第二，争取当第一！"

记得当时，冯副主任急得跟我"咬耳朵"："别说得太高，万一达不到，被动。"我向他伸出大拇指，点了点头。

一个多星期的会演很快过去了，六支演出队会演结束，我们队真的获得了第一名。在演出结束时，王主任和冯副主任走上舞台，显得有些激动地对我和我们演出队的同志们说："谢谢你们！谢谢同志们！我要给你们请功！"

我说，这其中也有王洛宾等前辈的功劳，领导们连连点头称是。

遗憾的是，这首《边防战士的家》还没等广泛地流传开，王洛宾便离开了我们。

你为小苗洒上泉水

—— 忆金近

———

颜学琴

从学徒到作家

金近 1915 年出生在浙江上虞崧厦镇的海边，儿时在家乡看草台班的戏，可说是他接触文艺的开始。那时候，看戏是村里仅有的文娱活动。逢年过节，比如一年一度的元宵节菩萨出庙会，都会演戏，演的就是绍兴大班。每逢戏班来，就是金近他们这帮小孩最高兴的时候。当时，他根本没看过《三国演义》《水浒传》等小说，倒是从《长坂坡》这出戏里知道有个赵子龙救了刘阿斗，还从别的戏里熟悉了诸葛亮、刘备、张飞这些古代英雄，从《武松打虎》里知道了打虎英雄武松。

金近的童年过得很艰苦，只读过四年私塾，12 岁就到上海当学徒。一个瘦小的孩子，每天都要扛起高大的门板，吃饭还要看老板的脸色。那年冬天，他忙得连洗衣袜的时间都没有，光着脚把两个脚后跟都冻烂了。在一家布店当学徒的时候，金近因为拿错了一匹布给顾客，遭到老板的打骂，气极之下，他出走了。从此他边打工边补习，在亲戚的资助下，读了两三年书，读到初中一年级，就不能再继续读了。

金近在华童公学读初一的时候，教国文的方成章老师给他留下了深刻的印象。方先生学识渊博，讲课从不照本宣科，还常给学生们讲许多故事。每次作文课，他总会宣读学生写得好的文章，指出好在哪里，不足在哪里，其中也有金近的作文。这使他热爱写作，开始懂得如何写好文章。所以金近说，他所以能写东西，第一不能忘记的，就是方先生。

半工半读的生活使还是一个孩子的金近尝尽辛酸，但他渴望学习，于是就把图书馆当成"学校"，借来大量文学作品不断夜读，包括茅盾、冰心、巴金、丁玲的作品和许多国外的名著，就这样成为一个文学爱好者。

1935 年，经姐姐的邻居介绍，金近到上海《儿童日报》工作，开始做些收费、寄报的杂活。1937 年，一个编辑生病住院，主编何公超先生"急中生智"，要金近代编新闻版，他也由此当上了助理编辑。就在同一年，他在《小朋友》杂志上发表了第一篇童话《老鹰鹞的升沉》，迈出了儿童文学创作的第一步。

抗战爆发后不久，金近失业了。他流落到四川农村，在一个流浪儿童教养院当教员，除教书外还要编教材，管理孩子的生活，包括检查孩子的清洁卫生、温习功课情况，处理偷窃、打架、逃跑事件，还常常给孩子们讲故事。金近曾对我说："这段生活使我接触到许多身世不同的穷苦孩子，他们有的从小就是孤儿，靠偷窃过日子；有的家被日本飞机炸了，父母被炸死，就剩下他（她）一个；有的从远方逃难出来，和家人失散……每个孩子都有过悲惨的遭遇，使我认识到穷苦孩子多么需要文化呀！他们的苦难也是祖国的苦难，我觉得有责任要好好写他们。"

1944 年，金近在重庆认识了作家徐迟、叶以群、冯亦代，以及在《新华日报》工作的夏衍、乔冠华、戈宝权等，受到进步思想的启发，这是他创作思想转变的重要时期。金近曾说:"他们对我帮助不少,虽然有的人不搞儿童文学,但很关心我的创作,写得好的称赞,写得不好的就指出,我们做了好朋友。"在重庆,他还参加了托尔斯泰、罗曼·罗兰等中外文学大家的讨论会和对反法西斯战争情况分析的座谈会。他说:"从这时起,我的文学活动比较积极了,对参加政治活动也热心了。"

抗战胜利后,1946年金近回到上海,在《文汇报》副刊《社会百态》专栏以林玉青等笔名连续写了30多篇杂文随笔,还写了许多反映穷苦孩子生活的故事和诗歌,像《小和尚法本》《好人国》《黑心魔术家》等,发表在《中学生》《联合晚报》《童话连丛》等报刊上。到1948年前后,金近又先后出版了童话集《红鬼脸壳》、儿童诗集《小毛的生活》。这些作品既揭露了当时社会的腐败黑暗,也展示了他从事儿童文学创作的一颗童心、爱心和不凡的创造力。就这样,金近逐渐成为当时有活力的新生的创作力量。1949年,金近和上海文艺界代表一起到北京参加第一次全国文艺界代表大会,第一次见到了毛主席、周总理和很多文学家艺术家。从此,金近开始了他的新中国儿童文学创作生涯。

新中国成立伊始,儿童文学领域呈现出一片欣欣向荣的景象。那个时期,金近和冰心、叶圣陶、张天翼等前辈有了更多接触,大家常常在一起讨论如何为孩子们写出好作品。金近说:"我认识冰心同志是在解放初期,那时她全家刚从海外归来,住在北京新开路附近的一条胡同里。当时我在中华全国文学工作者协会(就是现在的中国作协)工作,帮助天翼同志管些儿童文学组的活动,冰心同志也热心要为儿童文学打开局面。天翼同志常常派我去和冰心同志联系,听取她的意见。有时候,冰心同志也派她的小女儿吴青来送信传话。当时吴青还是个系红领巾的少先队员。那时候,在东总布胡同原来中国作协那间铺红地毯、挂绿窗帘的会议室里,叶圣陶老先生、冰心同志、天翼同志等几位,经常和青年作家坐在一起讨论创作问题，大家无拘无束有什么说什么，谈得很融洽，天翼同志管这个叫漫谈。每次散会，就像讨论还没有结束似的，都有一种依依不舍的感觉。后来严文井同志也到作协来做领导工作了，贺宜、袁鹰、胡奇等同志也参加了儿童文学组，更加强了儿童文学组的力量。50 年代儿童文学工作开展得比较理想，这也是一个重要因素。"

为孩子们创作，就要和孩子们的心融在一起

新中国孩子们的童年生活，让金近感受到和自己的童年简直就是两个世界。于是，金近更加热切地深入到孩子们中间去寻找创作的灵感。20 世纪 50 年代，金近到北京西郊温泉村的一个农村小学蹲点一年，吃住都在那里，每天伙食两餐，晚上写作饿了，就吃冷馒头。孩子们上课、少先队活动、开会、逛动物园，他都参加。《小队长的苦恼》《最糊涂的同学》等诗，就是在那里蹲点的时候写成的。

对于这些和新中国的孩子们在一起的经历，金近说："我能够比较深刻而真实地理解儿童的生活，理解他们的思想感情，还是解放以后。我可以到学校去找孩子们，他们也可主动来找我，大家做了好朋友。现在他们是幸福愉快的一代，和我小时候压抑的困苦生活完全不同了。现在不仅是我对他们起些指导作用，而且他们那种明朗的、纯洁的，为集体着想的好品质，也很有力地影响着我。这可以说是我们友谊的基础。我们见面时可以谈知心话，可以像老朋友那样谈话。"

1957 年冬，中共中央号召文艺工作者深入基层去生活，他积极报名去浙江。他在日记上写道："出发前，敬爱的周总理在紫光阁接见我们，叫到谁的名字，谁就站起来。叫到我的名字，我站起来时，周总理那严肃又慈爱的目光注视着我，点点头，给我深刻印象，这是周总理对我的

期望。"

12 月底，我们全家到了杭州。春节后，他卷上一个铺盖、带上一把雨伞，只身来到临安县落户，住在天目山农村一户有三个孤儿的农户家里，成了三个孩子的家长。当他看到三个孩子共用一条旧毛巾，就赶快买了三条新毛巾，让他们分开用。在那里，他无时无刻不感受着孩子的纯真和善良。最小的小毛，十岁就失去了父母，他是怎样爱护他饲养的小绵羊，垒好坚固而舒适的羊圈给小羊住，又整夜看守病了的小羊；又是怎样细心地照顾他这个大人，在那个物质匮乏的困难时期烤熟了热乎乎的土豆送给他，让他不至于空着肚子写作，这些往事一辈子都装在金近的记忆里。在《三个孤儿》一书的引言中，金近写道："当年天目山区的小朋友们，你们现在哪里呢？在多灾多难的日子里，我们一起度过艰苦的日子。虽然时间随着流水漂得很远，可是在我的记忆里，还是那样深切难忘！"

金近的创作动力来自孩子，孩子的欢乐就是他的欢乐。他每写好一篇童话，总要读给孩子或家人听听，看看需要修改什么。1986 年，他写完《傻狐狸》第一节，对女儿说："给小孙女星星听听怎么样？"第二个星期天，女儿回来告诉他："星星听了那篇故事高兴得在沙发上跳个不停，说把那几张纸再给她念念。"

孩子们之所以爱读金近写的故事，是因为他理解孩子们的心，用孩子们看得懂的语言来创作。孩子们在读他的作品时，就好像金近爷爷就在他们中间，用亲切生动的话给他们讲故事：贪玩不专心钓鱼的猫弟弟、勤劳的猫姐姐、猫妈妈，勇敢向上的小鲤鱼，慈祥的鲤鱼奶奶，善良的燕子姐姐，爱做好事的小公鸡，哈哈笑的小喜鹊……

金近所敬崇的冰心老人曾说，金近是一个不但热爱儿童，而且理解儿童的作家，他写的作品，都是小孩说的大白话。他是一个最接近儿童的人，最天真、最纯洁、最深入儿童生活。他的这些生活，就是跟儿童融化在一起，平起平坐的，用孩子的语言来跟孩子说话。所以拿我的《寄小读者》出来跟金近的一比，我就觉得不如他。因为我用了许多典故，还有文言，这些有时孩子不一定看得懂，就离孩子远了，成了给大人看的。而金近就不是，他用的话都是最通俗的儿童语言。可以说，我们写儿童文学的，最成功的就是金近。我想，冰心老人的过谦和对金近如此高的评价，完全是老人和金近的一颗童心太相通了。

你为小苗洒上泉水

金近曾说："美是童话的灵魂，童话需要美，这种美是从童话中人物的思想感情里产生的，而不是外加上去的。"

从他留下的厚厚一叠日记中，我找到了他在创作与生活中寻找童话之"美"的宝贵记叙："做个作家，首先一条是要有美德，关心人民，说真话，让人民知道，为人民说真话、知心话，关心下一代的身心健康，等等，作家要有真才、真话（真心），真实生活，责任心。"

金近曾说："对我们来说，努力为孩子们提供上等的精神食粮，是个光荣重大的任务。因为我们的读者对象，正是建设四化的未来主力军，我们的作品如果能在他们的心里埋下美好的种子，将会开花结果，那是我们最大的愉快。我曾碰到一些同志，有教师、辅导员、编辑，还有学校团委书记以及其他行业的干部，他们都很兴奋地谈起小时候读过我的作品，这是他们对我的鼓励，使我更有信心把创作搞好。他们这种重视，比什么都可贵。"

金近会借助各种方式去发现童话之"美"，比如音乐。他爱好音乐，喜欢莫扎特、贝多芬、柴可夫斯基的作品。有几次晚上听音乐，听到激动处，往往会引起他创作的灵感，他就马上在小本子上记下来。

小读者来访金近，1954 年在和平里寓所

　　就这样，在半个世纪对童话之"美"的探寻中，金近在一个个童话世界里赞颂真善美，揭露鞭挞假丑恶。在一个个拟人化的形象中，他赞扬善良、正直、勇敢；以幽默讽刺的笔触，叙写一个个伪装的骗子，颠倒黑白的君臣们，无中生有的诬陷好人者，受到不公正待遇的小学生及"开会迷"们……让小读者们在开怀的笑声中分辨是非善恶，得到人生启示。就像梅沙先生所说，金近用饱蘸着感情汗水的笔，为稚嫩的孩子写作。他的似梦非梦、似幻犹真的故事，寄寓自己的爱憎褒贬，从而启发少年儿童驱除丑恶，追求美善。这也是金近所求的以艺术幻想的童话形象，给儿童以文化的、美的享受。

　　只可惜，他的童话梦尚未完成就早早逝去了。自 1987 年 5 月突患脑溢血后，他再也不能拿笔了，他曾哽咽着对朋友说："我进医院太早了。"他渴望赶快好起来，重新握笔。谁知两年后，病魔竟永远夺走了他火热的生命。

　　在他的故乡上虞龙山的一角，郁郁的丛林中，向着曹娥江水，金近

金近与夫人颜学琴

的纪念碑上刻着冰心老人的题词："你为小苗洒上泉水"。面对题词，作家袁鹰说："清清的、醇醇的泉水，一路流淌下去，滋润了刚从泥土里冒出头的小苗，哺育他们发芽、开花、结果，成长为参天大树，泉水晶莹、清澈，朴实无华。默默地来，默默地去，默默地奉献一生。"

此时，我仿佛又听到他作词的那首儿歌《劳动最光荣》："太阳光金亮亮，雄鸡唱三唱，花儿醒来了，鸟儿忙梳妆，小喜鹊盖新房，小蜜蜂采蜜忙，幸福的生活哪里来？要靠劳动来创造！"

我想，能为孩子们写出这样活泼、美好、阳光歌词的人，自己也一定充满着童心、爱心、真心。

金近生于上虞县的偏僻渔村，童年充满泪水。然而，他却将苦涩的泪水化为甘洌的泉水，用童话之美给如此多的孩子带来了欢乐。

"故事爷爷" 孙敬修

———

李友唐

当年喜欢收听少儿节目的朋友，恐怕很少有人不知道"故事爷爷"——孙敬修，可以说许多人都是听着他的故事长大的。1956 年 10 月，刚刚 22 岁的我正在北京市少年宫群众文化部做辅导员，此时 55 岁的孙敬修被调来专职讲故事。在这里认识久已仰慕的孙先生，并且和他坐对面，我心里真感到受宠若惊。从此，我们开始了 34 年的交往，直至 1990 年孙先生乘鹤西去。

出生在贫苦家庭

孙敬修于 1901 年 10 月 12 日出生在北京崇文门内迤东镇江胡同一个贫苦家庭，城墙根用破席搭的窝棚就是他的家。因母亲生过的五个子女都没养活，所以父母给他起名叫"六赚"。

父亲做过洋车夫，后来又当华工去了非洲，母亲便带着敬修到天津谋生。尽管是在基督教福音堂医务室当勤杂工，工资不多，手头很紧，母亲还是在敬修 7 岁时送他进了附近的一所小学。

孙敬修的家虽贫苦，但是他从小就被种下了喜爱听故事、讲故事的种子。母亲爱敬修，即使做错了事也从不打骂，而是讲故事教育他。母亲讲的《岳母刺字》《孔融让梨》《孟母三迁》《曹冲称象》《戚继光平倭》《王献之练字》，令孙敬修听得津津有味，以至他到老年时还回忆说："妈妈一会儿把我带到古代战场，一会儿把我带到穷人孩子的小房，一会儿把我带到神奇的童话世界，一会儿又把我带到天南地北。我最爱听妈妈讲故事，可以说在天津的岁月，我就是在妈妈讲的那些故事中度过的。"他还记下了妈妈说过的好多格言："但行好事，莫问前程"，"为人不做亏心事，不怕三更鬼叫门"，"少壮不努力，老大徒伤悲"，"己所不欲，勿施于人"，"常将有日思无日，莫到无时思有时"，"晴天开水道，须防暴雨时"，"不怕慢，就怕站"，"铁杵磨绣针，功到自然成"等等。

大妈家的"使唤小子"

三年后，孙敬修的父亲拖着残体返回故里，一家人在北京团聚，还为孙敬修添了个妹妹。可惜好景不长，父亲不久即病逝了。为了生活和养育孩子，母亲只好到京西卢沟桥福音堂当布道员。因为距城里太远，敬修被放在伯父家借宿读书，母亲每月来看他一次。

伯父孙长升是个基督教徒，在崇文门内孝顺胡同美以美教会的亚斯礼堂当执事，是个好人。但伯母为人刻薄，把孙敬修当成"使唤小子"，给他受了六年气。孙敬修回忆，自从留在大妈家那一天起，"我这个天真活泼、爱说爱笑的孩子，完全变成了另一个人"。

在大妈家，孙敬修天不亮第一个起床，开屋门、倒尿盆、扫院子、生炉子，给大妈叠被子，擦桌子、扫地；然后拿半个凉窝头上学，若没有剩窝头，他就饿半天；放学后，上街买菜，打油打醋，擦灯罩、添煤油；伺候完大家吃饭，还要刷锅刷碗扫地擦桌子，然后喂猫、挡鸡窝；睡觉前给大妈扫炕、铺被窝、端尿盆。这一切干完了，他才复习功课，还不敢把灯头捻大。星期日上午，他必须到教堂做礼拜（此间孙敬修接受了基督教洗礼，并先后在汇文大学院蒙学馆、成美馆读书），下午在家劈柴、洗衣服、砸煤块、捡煤核，有时还拆洗大妈的棉裤，哄孩子。这些事若有一样做不好，大妈就又打又骂。也正是在大妈家六年的痛苦生活，使日后的孙敬修比一般人更加了解儿童的心灵：他们需要什么样的爱，什么样的关心；他们遇到事情想什么，怎么想……他从自己苦痛的童年少年生活中，极强烈地了解了这点。

孙敬修的童年，正处在清朝末年。街上挂着黄龙旗，男人不论老少大小脑后都梳着一根辫子；中华民国成立，黄龙旗改成红、黄、蓝、白、黑的五色旗。孙敬修一生遇到中国换过五次旗，这是他遇到的第一次换旗；帝国主义的洋兵横行霸道，永定河发大水，淹死的牲口和人的尸体……这些，都深深刻在孙敬修童年的记忆里。

当上小学教师

1915 年秋，孙敬修小学毕业。虽然家庭贫困，但母亲仍坚持要儿子继续读书。于是经过两天考试，孙敬修考取了不收学杂费，还管学生吃饭和住宿的京兆师范，榜上的名字是孙德崇（孙敬修的原名，其当小学教师时改名敬修）。

孙敬修在京兆师范一共读了五年（其中因病休学一年），1921 年 12 月毕业。在校期间，他对每门功课都感兴趣，和同学也相处得很好。课外活动如足球、篮球、跳高、跳远、赛跑，话剧团、文学会他都参加，是个极为活跃的学生。"五四"爱国运动时，他正在京兆师范读书。学校的游行队伍打着标语从卢沟桥走到长辛店，又从长辛店返回卢沟桥。孙敬修带领同学喊口号，并向围观的老乡讲演。他后来说："这一天，我好像有使不完的劲儿，这是我有生以来第一次参加政治运动，第一次看到了民众的力量。"

毕业后，孙敬修先后在衙门口小学华语学校任教，还曾去青岛一位外籍牧师家做家庭教师。在青岛，孙敬修实际是当保姆，哄孩子，还要帮牧师抄文件和经文。

1923 年 8 月，孙敬修来到北京东城钓饵胡同小学当教师，不久与基督教妇女圣道学校的顺义姑娘陈淑田结婚。该小学起初只有两名教师、两个教室，一二年级、三四年级各一个班。1927 年被合并到汇文第一小学（孙敬修在这里工作直至 1956 年 10 月，先后任教员、初级部主任兼高级部科任老师、校教导主任）。由于孙敬修家住在学校，学校有住宿学生，所以周末他常到学生宿舍去。一次，他看到学生们在吵闹、打架，便给他们讲了故事《一地鸡毛》，孩子们被吸引住了。这就是日后的"故事爷爷"给孩子讲的第一个故事，从这以后每个周末他都给孩子们讲故事，有的孩子甚至都不愿回家了。长年在小学教师的岗位上，使孙敬修更加了解了教育，了解了孩子，了解了孩子的心理。

广播电台讲故事

1928 年，北洋政府垮台，北京改称北平，并开始有了广播电台，向市民正式播音。

1931 年 9 月，日本帝国主义侵占我国东北，激起了全国的反日高潮。孙敬修也给学校演唱队排练了"抵制日货，消灭日寇"的一组节目，到北平广播电台去广播。但现场直播中因孩子们激动，节目演得快，节余下一些时间。这时孙敬修灵机一动，对电台的工作人员说："我给讲个故事救场吧！"于是迅速走到话筒前讲了《狼来了》。正好故事讲完，播音灯灭，孙敬修一炮打响。从这之后，广播电台便邀他每周到电台讲一次故事（内容由他自己定），有时还边弹琴边唱歌，说谜语、说绕口令、说快板。后来，私营民生电台、华声电台、胜利电台也常请他去。

卢沟桥事变后不久，日本军队占领了北平。这时孙敬修正在电台讲《琳琳环游世界记》，介绍各地风光。一次他另给孩子们加唱了个《灭蝇歌》，其中有一句是"它是大仇敌，快设法，除去它，莫留后患再萌芽"。监听的日本人当即责问他："什么是大仇敌？你要除的是什么？这种歌，以后统统不许唱！"

就在孙敬修决定不再去电台讲故事时，在广播电台工作的中共地下党员王栋岑来找他（他当时不知道王），说："电台的儿童时间要由中国人占领。"请孙继续去讲，并建议改用"柳稚心"的名字。孙敬修觉得有道理，接受下来。以后的岁月，对受过洗礼的孙敬修可谓刻骨铭心，用他自己的话说："日伪时期，是灾难深重的八年。我曾经笃信上帝，希望基督耶稣能把我们从大苦大难中解救出来。但在这八年间，我接连失去三位亲人（母亲、伯父、二女），它彻底动摇了我对上帝的信仰。"自此，他在精神上和上帝告别了！

1945 年日本投降，孙敬修欣喜不已，在电台讲故事也恢复了原名。但是，眼见物价飞涨，国民党接收大员大发横财，美国兵驾着吉普车在街上横冲直撞，孙敬修对当局大为失望，开始在夜晚捂着棉被偷偷收听新华广播电台的广播。

为人民电台出力

1949 年 1 月 31 日，北平和平解放！2 月 3 日，解放军举行入城式那天，孙敬修拿一面写着"真高兴"三个字的小旗，兴奋地站在欢迎队伍

中；10 月 1 日，他加入小学教师队伍参加开国大典，亲眼看到中华人民
共和国国旗——五星红旗冉冉升起。1950 年 5 月，他参加了北京市文联
发起人大会、北京市第一届文学艺术工作者代表大会，并在会上发了
言。北京人民广播电台特请他定期给少年儿童讲故事，他在新中国成立
后讲的第一个故事就是《鸡毛信》。1951 年 5 月 1 日，中央人民广播电
台开办少年儿童节目，他又被聘为特约播音员；5 月至 6 月他参加中国
人民政协组织的北京土地改革参观团西北分团，同团的都是社会知名人
士。昔日社会最底层的"穷小教"（小学教师），今天成为新中国主人，
孙敬修怎能不感慨万千？

　　1952 年，孙敬修经北京市文教局的同意，不再担任教导主任，每周
在学校执教三天，另三天到中央人民广播电台上班。1956 年北京市少年
宫成立，孙敬修又调到少年宫专职讲故事。

　　孙敬修讲的许许多多革命故事和童话故事，教育了几代人。他讲故
事不是背词、背稿，纯粹是讲。孙敬修了解孩子，能钻到孩子心窝里，
他讲故事的技艺炉火纯青，可以说至今为止无人可及；他的声音有一种
独特的魅力，孩子们一听就趴在收音机前一动也不动了；他讲故事的独
特风格，和北京人艺的语言风格相似……久而久之，孩子们对他怀有了
深厚的情感，都亲切地叫他"故事爷爷"，他对孩子们也关爱挚真，
1966 年退休时已 66 岁，他仍每周三天去广播电台讲故事。

矢志不渝为儿童

　　"文革"期间，孙敬修尽管一再提醒自己要慎言慎行，还是受到了
冲击，但他并未就此丧失信心。"文革"后有关方面向他道歉，宣布平
反决定，孙敬修哭了。他说："我经历了五个朝代，过去也受过不少委
屈，可是有哪个向我这平民百姓道过歉呢？只有共产党！我们的党有希

望，我们的国家有希望，我们的人民有希望！"他又开始为儿童教育工作奔波：在北京给儿童讲故事，到天津为万名天津小朋友讲故事，到中央人民广播电台给全国小朋友讲故事……无论走到哪里，他都受到人们的热情欢迎。难怪西班牙记者莫拉雷斯在 1980 年写的报道中称："孙敬修是世界上得到崇拜人数最多的人。"

孙敬修热爱共产党、热爱社会主义，并在 1981 年 10 月以 80 岁高龄成为一名共产党员。党和政府同样关心孙敬修。当时的北京市长林乎加专嘱将孙的徒弟肖君成（肖君）从陕西调来北京，帮他工作，陪他外出，照顾他的生活。1984 年，有人给党中央写信反映孙敬修住房条件差，收入低。总书记胡耀邦马上作出批示："全国只有这么一个为广大少年所喜爱的人，完全可以特殊照顾一下。"于是，孙敬修的退休金被提到 150 元，住房也调成有暖气、有电梯的四居室楼房。对此，孙敬修极为感激，不顾高龄更加奋发地工作。他的足迹行至天津、青岛、上海、广州等地，短短几年内即出版了《我的故事》《孙敬修演讲故事大全》等 16 部著作。他用行动实践着自己的人生格言："甘为春蚕吐丝尽，愿做红烛照人寰。"

1990 年 3 月 5 日，孙敬修因病逝世，中国现代教育史上一颗璀璨的明星陨落了！这位半个世纪以来不停地为儿童讲故事的"故事爷爷"，告别了他热爱的小朋友，在他的墓碑上雕刻的是其生前拟就的一段话：

亲爱的小朋友、少年朋友，你们好！我祝福你们，祝你们都能珍惜时间，努力学习，使身体好、心灵美、知识丰富，学有所长，不受坏思想的污染，不受坏人的引诱，健康成长，早日成长，为祖国为人民多做有益的事，成为受人尊敬的人……

　　孙敬修辞世后，北京市政府在少年宫为他塑立了半身铜像，《孙敬修全集》也在各方人士努力下出版。全国政协常委王光美同志在《全集》序言中称孙敬修：

　　"对儿童充满爱心，对艺术刻苦钻研，精益求精，逐步形成独特的——通俗浅显、自然亲切、形象生动、爱憎分明、民族化、大众化的讲故事风格，把故事讲得绘声绘色，成为海内外的著名教育家。"

　　"在中国历史上，他是第一个成就了这项事业的人，到目前为止，还没有一个人超过他的成就……"

儿童文学工作者的情怀与坚守

——从"小儿科"到"小巨人"的背后

李东华

1997 年我大学毕业到中国作家协会不久，主管领导高洪波就找我谈话，让我为儿童文学委员会做点秘书工作。那个时候，虽然知道我的老师曹文轩先生在写儿童文学，但我根本不清楚还有一群人专门为孩子们写作，他们有一个专属名词：儿童文学作家。作为一个中文系毕业生不知道儿童文学为何物，这是属于我个人的无知，也差不多代表了当时社会上大多数人对这一文体的偏见和无视。所以高洪波先生直截了当地说儿童文学被人们视为"小儿科"，让我拿出做公益的心为儿委会服务。

那时文学已经退守到社会的边缘，儿童文学就更是边缘的边缘了。几乎所有的大学都没有设立这个学科，也不被主流文坛认可。一个写作者只要跟"儿童文学"沾上边，那差不多相当于"幼稚"的代名词。最可怕的是读者对它的疏远——1998 年《儿童文学》杂志发行量掉到 6 万册；江苏少儿社的文学期刊《未来》、上海少年儿童出版社的文学期刊《巨人》《儿童文学选刊》停刊。很多少年儿童出版社根本就不设立或者砍掉"儿童文学"编辑室，当时有句顺口溜描绘这个状况："巨人"倒下了，"未来"没有了。

　　然而，这样的窘境到 2008 年左右突然出现了不可思议的翻转：《儿童文学》《幼儿画报》等杂志发行超百万，《巨人》等纷纷复刊，此外，一些新的刊物在民营资本的运作下创刊了，比较著名的如《读友》杂志等，很多期刊都由月刊变成了旬刊或者半月刊。一些原本和儿童文学毫不沾边的出版社也开始积极介入这一领域，全国 581 家出版社有 523 家出版童书。曹文轩的《草房子》十年间印刷了 130 次，杨红樱的"淘气包马小跳系列"累计销售 2000 多万册。根据这些数字的今昔对比，基本可以作出这样一个判断：新世纪前十年的儿童文学赢得了市场，赢得了读者，与惨淡经营的成人文学相比，此后儿童文学是"风景这边独好"，一路顺风顺水。2016 年，曹文轩获得国际安徒生奖，这一标志性的事件表明中国原创儿童文学不但被国内的读者所认可，也开始被世界读者和专家们所注目。发展至此，儿童文学无论是市场，还是"走出去"，以及艺术上，都成就斐然。20 年，弹指一挥间，儿童文学这个弱小的孩子长大了，长成了让人无法忽视的"小巨人"。这其中究竟是出于侥幸和偶然，还是潜藏着对整个文坛都富有价值的启示？这的确是个值得思考的问题。

　　有人说这是缘于儿童文学有个天然庞大的市场。不错，我们国家有 3.67 亿的未成年人，但人口的庞大只是意味着潜在读者群是巨大的，这个潜在的读者群要转化为真正的文学人口，却是真正地考验了儿童文学的智慧与耐力。虽然过度的市场化带来了这样那样的问题，但唤醒千千万万读者的阅读热情，我认为这是新世纪儿童文学得以翻身的最关键一环。而做到这一点，在我这个一直身处其中的人看来，是合力的结果。如果一定要找到一个关键词，我愿意用"情怀"来解释这 20 年间的巨变。

　　当我们说 20 世纪 90 年中后期儿童文学遭遇了"寒流",陷入了困境,这主要是指市场而言,并不是指儿童文学在艺术上的探索。相反,我倒认为这一段市场的低谷期却恰恰是儿童文学作家们创作的"黄金期":秦文君的《男生贾里》《女生贾梅》直接开启了后来杨红樱的"淘气包马小跳系列"等校园小说的写作;曹文轩的代表作《草房子》在 1997 年问世;陈丹燕出版于 1998 年的《我的妈妈是精灵》至今都被认为是中国最好的原创幻想小说;此外还有郑小说《花季雨季》、北少社推出的"自画青春系列"更是开"低龄化写作"的先河,直接推动了新世后"青春文学"写作的分庭抗礼。在最寂寞的时候,儿童文学却开出了最美丽的花儿。文学史说到底是由一部一部经典作品构成的,所以作家们的定力是成败的关键。儿童文学作家有他的"傻劲"和"拙劲",甚至是固执。面对种种诱惑,很少听到他们说要改行。这种一根筋走到底的个性,现在看来又是一种大智若愚的智慧。现在,经常有些写作者说:"你们儿童文学市场真好,写儿童文学能赚大钱,我也要写。"能够因市场的成功而吸引更多的人加入并不很大的写作队伍固然是好事,但为钱写作永远也走不远。记得当时有一次,我向曹文轩先生抱怨儿童文学所遭遇的歧视,曹先生很淡定地说:"随便别人怎么说,我们写我们的。"那时离他获国际安徒生奖还有十来年,那时他的作品传播还远远没有像今天这样广泛。有时我甚至想,即便没有今天的市场神话,相信儿童文学作家们也会一如既往地写作。因为他们有一种情怀,一种为孩子们写作的责任感和使命感,一种理想主义的情怀。试想,如果没有储存了这些"家底",当儿童文学的春天来临的时候,我们又拿什么作品给孩子们呢?岂不是无米之炊,空辜负了浩荡春风?

　　我们说搞儿童文学的人是理想主义者,但就我的观察,他们并不是空有一腔热血的空想家，他们是一群能把梦想变为现实的实干家。比如说少儿读物出版人，如何唤醒沉睡的市场是当时儿童文学面临的最大瓶颈，而出版人使出了"阅读推广"的大招。从作家们亲自跑校园，到层出不穷的专职的阅读推广人，它的效果是有目共睹的。事实上，具有前瞻意识的出版人也是儿童文学潮流的引领者，像21世纪出版社1997年在三清山的一次研讨会上打出了"大幻想文学"的旗帜，随后出版了"大幻想文学"书系，成为新世纪儿童文学幻想文学、幽默文学、大自然文学三面美学旗帜之一。而湖北少儿社则以一个地方小社，出版了"百年百部"书系，对中国儿童文学自"五四"诞生以来百年间的经典作品进行了系统梳理，是儿童文学界的"长城"一般的厚重工程。在"走出去"方面，不能不提2013年中少社在博洛尼亚书展率先在欧美展区设立了自己独立的展位，那一年曹文轩和高洪波两位作家随团参加了此次书展，这次书展对中国儿童文学"走出去"是具有转折性的意义。此后，"走出去"的步伐越来越大。

少儿出版人们的智慧和努力是值得文学史记住的。像海飞、白冰、李学谦、徐德霞、张晓楠、张秋林、刘海栖、刘健屏……从某种意义上说，这些既有理想情怀又有战略胸怀的出版家，改写了中国儿童文学的版图。那些在新世纪异彩纷呈的作家作品，小说如曹文轩的《青铜葵花》《我的儿子皮卡》，童话如杨红樱的"笑猫日记"系列、汤素兰的"笨狼的故事"系列、金波的《乌丢丢的奇遇》、汤汤的《到你心里躲一躲》等鬼故事系列、王一梅的《鼹鼠的月亮河》、陈诗哥的《风居住的街道》，散文如林彦的《门缝里的童年》、殷健灵的《爱——外婆和我》，诗歌如金波的《我们去看海》、王立春的《骑扁马的扁人》，科幻小说如张之路的《非法智慧》《乖马时间》，动物小说如沈石溪的《五只小狼》、黑鹤的《黑焰》、绘本如熊磊的《小鼹鼠的土豆》等。这个长长的挂一漏万的名单，名家或新人，无一不得到出版人的助力。

在这里我还没来得及说儿童文学批评家们。这个很小的群体一直坦率而真诚地深度介入儿童文学的发展，从老一代的束沛德、樊发稼再到王泉根、方卫平、刘绪源、朱自强、彭懿等，他们对很多理念和导向的把握，是儿童文学能够健康发展的重要支撑。

儿童文学界人数不多，但可算是少而精，因为他们团结。而把他们最终凝聚在一起的，永远离不开党和政府在国家层面上的重视和扶持。1995 年中央就提出要重视"三大件"（长篇小说、电影电视、儿童文学创作），2004 年中共中央、国务院下发《关于进一步加强和改进未成年人思想道德建设的若干意见》。可以说，从中宣部到新闻出版广电总局到我所任职的中国作家协会，都推出了很多行之有效的举措。这是一个国家的情怀。有人说，一个国家对少年儿童的态度显示了一个国家的文明程度。

儿童文学成长得如此之快，像一个青春期的少年，突然就长得高高大大，但是我们都清楚，它还需要补钙，需要更多的精品证明自己，为这个文体赢得尊严。

"我的儿童文学之路"

——访任溶溶先生

———

潘　飞

记者：请谈谈您是如何与儿童文学事业结缘的。

任溶溶：我做起儿童文学工作是件很偶然的事。1945 年，我从上海大夏大学毕业后，开始翻译美国文学作品。这时有一个在上海儿童书局编《儿童故事》杂志的同学知道我搞翻译，就向我要稿子。我于是去外文书店找外国儿童读物看，包括迪斯尼出的书，我觉得里面的插图画得太美了，于是就买回来，陆续翻译，越译越觉得有意思。我翻译的第一篇儿童文学作品是土耳其 Sadri Ertem 写的儿童小说《粘土做成的炸肉片》，刊登在 1946 年 1 月 1 日出版的《新文学》杂志创刊号上。

1947 年起，我真正开始做儿童文学翻译工作了。那时在上海有一个我们地下党办的"时代出版社"，专门出版苏联作品。社长姜椿芳先生知道我曾经跟草婴学过俄文，就要我翻译俄文书。由于从少年时期起我就喜爱苏联文学，打算翻译苏联儿童文学作品，出版社很支持，前后一共出版了十几本书，包括马雅可夫斯基和马尔夏克的儿童诗、阿·托尔斯泰的《俄罗斯民间故事》、伊林娜的《古丽雅的道路》、科诺诺夫的《列宁的故事》等。因此，我能够走上儿童文学翻译这条道路，首先要感谢时代出版社的姜椿芳、倪海曙等同志。

记者：1949 年新中国成立后到"文革"前，您主要从事苏联儿童文学的介绍和翻译工作，能否介绍一下这期间的情况？

任溶溶：上海解放后不久，新华书店华东总分店（后来的华东人民出版社）出版儿童读物，让我负责编辑《苏联儿童文艺丛刊》，于是我好像成了儿童文学的专门人才。这本刊物是 1950 年年底创刊的，一个月一本，出版了一年多。它的出版为当时的儿童提供了一些有益的读物，也为儿童文学工作者们提供了一部分参考作品，同时还团结了上海的儿童文学译者，其中有几位后来成了有名的翻译家。1952 年年底，上海少年儿童出版社成立，我就一直在里面负责外国儿童文学介绍工作，特别是对苏联儿童文学，当时出了很多翻译作品。从 60 年代初起，我们开始出版外国儿童文学丛书，准备把国外有代表性的儿童文学作品系统地介绍过来，还为一些重要作家出版选集，如《盖达尔选集》。很可惜，这个工作后来因为各种原因停止了。

所以，直到"文革"前，我翻译的一直都是苏联儿童文学。按照欧美的观点，苏联儿童文学在过去是政治工具，但我还是觉得苏联儿童文学是很有成绩的，高尔基称得上是对苏联儿童文学创建贡献很大的一位开山之祖。

记者：这期间，除去翻译工作外，您还开始了儿童文学创作，能否谈谈当时的情况？

任溶溶：我从事翻译工作的过程也就是我学习创作的过程，当然我热心从事创作的确是在翻译工作以后。上世纪 60 年代以前我主要做翻译工作，虽然也创作过诗歌、小说、童话，但纯属客串性质。我认认真真地学写点东西，是在 60 年代初。我很早就有个打算，准备 40 岁开始搞创作。我一直翻译人家的东西，有时感到很不满足，觉得自己也有话要说，有时一面翻译，一面还对原作有意见，心想，要是让我写，我一定换一种写法，保管我们的孩子们更喜欢。再加上当时我国和苏联关系恶化，不再出版苏联儿童文学作品，而资本主义国家的作品也不能出，所以没什么书需要翻译了，我负责的翻译科也被撤销，这倒让我有精力投入到了创作上面。

先说写小说吧。那时我曾写过一篇《我是个黑人孩子，我住在美国》。写这篇小说纯属偶然，当时上海人民广播电台要我介绍外国儿童生活，我看了一个外国报道材料，讲一个美国黑人孩子被三 K 党围殴的不幸遭遇，十分同情那个孩子，就把题目告诉了电台，他们马上在《每周广播》上发了消息，定好了广播时间。可是到译稿时，我觉得这报道太简单了，中国孩子听了不一定那么感动。可是题目已经登出去了，时间也已定好，非在规定的时间里照题目讲不可。我真叫作骑虎难下，于是索性像命题作文那样创作小说。我从小是电影迷，看的片子十有八九是美国片，后来又有一段时间做美国文学介绍工作，对当时美国黑人的生活还有点间接的知识，于是以这件事为题材，很顺利地构思出故事，一下子写好了。有意思的是，当时《少年文艺》的主编李楚城同志知道了这件事，竟然用听广播审稿的方式，立即决定在《少年文艺》上发表。这篇小说，后来还被用作教材，出了单行本，选到上海的《十年儿童文学选》里，这却是我始料不及的。

童话方面，那时孩子们比较熟悉的，一个是《没头脑和不高兴》，一个是《一个天才杂技演员》。我当时常到孩子们的集会上去讲故事，讲外国故事讲腻了，很想针对孩子们的情况讲点别的什么，两个童话就是这样产生的。关于"没头脑"，我自己就是，"不高兴"则是好些孩

1987 年在小读者当中

子的口头禅。碰到这种孩子，批评他们吧，他们总是不服气，认为这是小事，跟大起来做大事没关系。我就想，干脆让他们带着他们的缺点就变成大人去做大事，出点大洋相，这就是《没头脑和不高兴》。"不高兴"演武松打虎里老虎不肯死这一段，是借用小时候看到的一段广东梨园掌故。掌故里说一个扮老虎的演员向扮武松的演员借钱抽大烟，武松不肯借，扮老虎的就一直不肯倒下，直到武松答应为止，我把这段掌故搁这儿来了。至于《一个天才杂技演员》，原型是我的一个中学同学，他是位运动员，长得英俊，身体说不出有多棒。可是过了多少年再见到他，我简直认不出他来了，原来他不当运动员了，成了个大胖子。我觉得很滑稽，就借这件事想给孩子们说明本领不是天生的，是苦练出来的，就算你比别人聪明一点，要是不勤学苦练，就得不到本领，有了本领也会荒废掉。因此，我在文章里又加上个胖小丑因为勤学苦练成了个有本领的杂技演员这一段，胖变瘦，瘦变胖，孩子们听了都哈哈大笑，我正要他们在嘻嘻哈哈中接受我的道理。这两个故事讲给孩子们听效果不错，编辑同志逼着写，甚至空出版面等稿子。《没头脑和不高兴》我是到截稿前两个小时才像"立等可取"似的一口气写出来的，读了一下就交出去发排了。这两篇都是讲过的故事，我那时候天天听相声，讲时学单口相声的口气，这一点，在童话的文字里也反映出来了。

这两个童话后来都改编拍成了美术片，一个动画片，一个木偶片。拍电影是导演他们的功劳，我不过是提供个剧本，但我从小是个"电影迷"，自己写的故事能拍成电影，再没有什么比这更使我高兴的了。

记者： "文革"开始后，您被关进"牛棚"，在很长一段时间里远离了儿童文学创作，能谈谈在这期间的情况吗？

任溶溶： "文革"被关进牛棚，长期靠边，当然是件痛苦的事，但这没有办法。不过比起有些同志，对我算是宽大多了。后来调我去新闻出版署干校，先养猪。当时我的身体非常好，养猪一点也不吃力，而且在饲养场喂猪就够忙的，用不着"天天读"，比在连队里觉得轻松。再往后又让我进翻译连，做熟悉的翻译工作，那就等于"解放"了。我本来就搞文学翻译，让我翻译《北非史》，虽然路子不同，但依靠我的语文修养，翻译历史书也毫不费力，觉得工作也很轻松。

在"文革"以前，我使用的外语只有两种：英语和俄语。"文革"时期无事可做，我就学起了意大利文和日文。其实想学意大利文是在进干校前，那时候我因为从俄文翻译过罗大里的作品，喜欢他的作品，很想从意大利文直接翻译。因此，准备了许多学意大利文的书，但一直抽不出时间。"文革"初期正好有时间了，于是我白天在劳动间隙抢时间休息，甚至在菜场的柜台上睡过午觉，晚上就抢时间学，把生字和语法规则抄在薄纸上，带在身边，白天在"牛棚"里背，还买了意大利文《毛主席语录》来读，这样学到进干校为止。学日文是在干校回来后，当时我觉得日文年轻时虽然也学过，但因为当时是抗战时期，对日本反感，所以没有好好学。这时候正好把日文课本找出来重新学，还得到在资料室工作的朋友帮忙，借了许多日文文学作品偷偷地看，收获很大。屈指算来，我在这个时期看的日文小说，大概比我看过的英、俄文小说还要多。

学会一点意大利文和日文，对我后来的工作有很大帮助。"文革"后我在译文出版社编文艺杂志，一度由我负责意大利文学和日本文学。我特别高兴的是，1979年，我还从意大利文翻译了《木偶奇遇记》。

我们广东有句俗话，叫"跌倒抓把沙"，意思就是即使倒霉摔了跤，也要趁此"机会"捞回点什么。在"四人帮"横行期间，我就按我们老祖宗的这句格言办，算是捞回了一点东西，不至于太荒废，至今感到庆幸。

记者："文革"后，您介绍并翻译了许多西方儿童文学作品，能否讲一下这方面的情况？

任溶溶：粉碎"四人帮"以后，我在上海译文出版社编《外国文艺》杂志，起初根本没有考虑翻译外国儿童文学作品，简直连心也不动。真得感谢1978年10月在庐山召开的儿童读物出版座谈会，在会上我受到同志们的鼓舞，心动了，而且越动越厉害。下山以后，业余除了创作，一口气还翻译了好多部儿童文学作品，一年当中译了二三十万字，比我在"文革"前任何一年都多。人老了，时间少了，该为孩子和儿童文学事业多干点活，我老这么想。

"文革"前，我们主要翻译出版苏联儿童文学作品，"文革"后，我把翻译重点放在介绍"安徒生文学奖"获奖作家的作品上。我现在还是要说，苏联儿童文学的确出了许多好作品，但是只介绍苏联的儿童文学作品，太狭隘了。因为除此之外，世界儿童文学中还有许许多多好的作品，世界上还有不少有影响的儿童文学家需要介绍，特别是供我国儿童文学工作者参考。而且当时优秀的苏联儿童文学作品也基本上都有了中译本。这时候我知道有"安徒生文学奖"，就把重点放在介绍获奖作家的作品上，翻译了林格伦、涅斯特林格、杨松、德容等人的一些作品。我在编《外国文艺》杂志时，和上海图书馆、北京图书馆也有联系，看到不少外国文学资料，对我选材翻译方面也有帮助。

记者：近期，由中国作家协会举办的第九届全国优秀儿童文学奖评奖揭晓，您的儿童诗集《我成了个隐身人》获得满票。您曾写过一首小诗："发白红心在，豪情似旧时。愿穷毕生力，学写儿童诗。"对于儿童诗，您似乎情有独钟，作品丰富。

任溶溶：我喜欢儿童诗，我译过苏联的马尔夏克、米哈尔科夫、巴尔托的儿童诗，有时觉得我可以写出同样好的诗。而且，译儿童诗特别费工夫，又要符合原意，又要符合整首译诗的音节数和押韵等等，极花心思，说不定比作者写一首诗花的时间还多，不由得就想干脆自己写诗。于是我弄了个小本子，不断记下自己准备写诗的题目，本打算留到不惑之年开笔大吉。可我动笔没等到40岁，提早了三年，那是因为当时翻译任务轻了，闲不住，再加上创作的愿望越来越强，憋不住。所以，我把小本子打开，一个个研究，选择那些隔了很长一段时间还很让人感动的题目来写，就这样一口气写了几十首儿童诗，后来大都收到《小孩子懂大事情》这个集子里。"文革"后除了翻译，我专注于儿童诗创作的时间就更多了些，就这样一直写到现在，也就有了"学写儿童诗"这样的话。

记者：您心目中优秀儿童文学作品有怎样的标准？要成为一名优秀的儿童文学工作者需要具备哪些条件？

任溶溶：我不懂理论，有关理论问题我就不说了。我翻译作品最大的特征是口语。我年轻时是一个语文工作者和文字改革工作者，以后再没放弃过，这个工作对我后来做儿童文学工作有很大的好处。研究拼音文字就要研究我国文字的发展规律，要注意口语，这就使我对祖国的语言文字有一个基本的认识。我翻译作品只是用我的话讲外国人用外国话讲的话。外国作家也是要小孩子一听就懂，觉得好玩，我也就尽量做到这一点。

关于我的儿童文学创作，那没什么可说的，我至今还处于学习阶段。我只是感觉儿童文学除了使儿童获得艺术享受，受到教育之外，还要向他们进行语文教育。儿童正在学习语文阶段，一篇短文，一部长篇小说，都是向他们进行语文教育，因此儿童文学工作者要有语文修养。我小时候上了三年私塾，读过《三字经》《千字文》《论语》《孟子》等，小学一年级的时候就会用文言文写文章了。后来我在大学里念的是中国文学系，那时候我对文字学和音韵学很感兴趣，因此有意选了这个系，结果就被古诗词迷住了，这也使我长了不少知识。

记者： 在许多人眼里，您是一个无忧无虑的老顽童，似乎什么事都不会干扰您的好心情。对这一点，您自己怎么看？

任溶溶： 我很怕人家说我是顽童。我从小就是一个很乖、很老实的孩子，一点不顽皮，功课特别好。我跟儿童讲话完全是正正经经地讲话，只是我找的材料是儿童生活中有趣的东西，孩子们觉得好玩，并不是我在逗他们。而且，人不可能无忧无虑，我现在年老体衰，这就让我忧虑，不过忧虑也没用，还是做点开心的事吧。

记者： 在中国儿童文学事业方面，您还有怎样的愿望？

任溶溶： 对我来说，为儿童写作是非常自然和快乐的，"儿童文学工作者"这个头衔最好，我很庆幸自己活在有儿童文学的时代里，为孩子们写东西是我一生最正确的选择和最快活的事情。现在大家都在说"中国梦"，我做的"中国梦"就是儿童文学梦。我老了，已经写不出什么作品了，但是我相信一代一代的年轻人会继续这项工作，而且会越做越好。我希望咱们有更多好作品出现，走向世界。我曾经也是全国政协委员，在许多会上学到许多东西，因此我希望今天的政协能够继续关心中国的儿童文学事业。

记者： 感谢您接受我们的采访，并请接受我们最诚挚的祝福。

朦胧的回忆　终生的教益

——忆团中央机关幼儿园的两位老师

———

李　斧

年近知天命，幼时的记忆已经越来越淡薄了。尽管如此，幼儿园时代的两位老师却在我心中留下了深刻的印象。

苏喆园长

2004 年 8 月的一天，中央电视台少儿频道演播室里坐满一群"大孩子"。"大"是因为他们都已经四五十岁了，可是这群当年团中央幼儿园的孩子们却仍童心依旧，迫切地期待着他们当年的园长苏喆老师。当年近八旬的苏老师缓步进入演播厅的时候，伴随着"大孩子们"热烈掌声的就是他们眼中激动的泪水了。

童年时代的回忆也就此开始了。我是 1964 年随父母到北京转入团中央幼儿园的，上了几天中班，就进入了大班，前后不过一年左右。一入园，我就认识了苏老师。那时候园长在幼儿们心中可是大人物，我可不指望她能认识我。可是苏老师有着过人的记忆，总能说得出每个孩子的姓名、班级和父母。我们男孩子调皮的时候，最怕见着苏老师，因为她总能认出每个人。其实即使在调皮捣蛋时被苏老师撞见，她也是耐心地说话，从来没有谁见过她对孩子们发脾气。不过她毕竟是当年我们最大的领导呀，孩子们怎么能心里一点不紧张呢？说真话，直到离开幼儿园多年后的少年时代，我也有点怕见到苏老师，因为她记得我们小时候的各种事情。诸如李斧是从四川来的，当时普通话说得不好，云云。

我们的故事她总是如数家珍，往往令少年时代的我有些不好意思，但是又总有一种无以名状的亲切感。即使在"文革"期间，我父母受冲击当黑帮时，苏老师对我也是这样亲近。苏老师这种对细节的重视，倾注着她对孩子们的深情，这也给家长们留下了深刻的印象。我父母就常提到当年幼儿园在机关礼堂表演节目，苏老师一定亲自通知到每位家长。苏老师的电话往往给父母们带来温馨的喜悦。

……

演播室里的阵阵掌声打断了我的回忆，大屏幕上显示着一张张孩子们当年的照片。我的童年照片也轮到了，那上面是我拿着玩具步枪在景山公园玩耍。照片很小，是当年流行的 135 相机拍照放大的。苏老师目光在屏幕上停留了一会儿，说："这是小李斧吧？他今天来了吗？我可几十年没见过他了。"认出观众席上的我后，她又急切地询问我父母的健康。她马上说小李斧是 1958 年生的。我开始担心这点个人隐私就一下子让全国电视观众们都知道了。接着她又要开始讲我童年的笑话，这是中央电视台的演播室，我可真的紧张起来了。好在节目主持人因势利导，进入了下一个话题。这位给孩子们无限爱的老师，却谈起孩子们给她的爱、孩子们的成就给她带来的喜悦。她甚至谈起孩子们的家长，又自豪地说了一句中国最敢说真话的两位人物家族都有后人在我的幼儿园里（指韦君宜和巴金），她还是充满着当年那分明的爱憎。我们孩提时代不正是从她这种爱憎中学会明辨是非的吗？苏老师教我们的又岂止这一点点？

苏老师的经历充满了传奇色彩：她是 1948 年随大军进京的老革命，几十年来有过无数次调动和晋升的机会，可是她一直坚持在幼儿教育事业中，而且坚持在她于 1949 年 7 月 25 日亲自创办的那个幼儿园里工作；她曾在菜市场凭声音认出 30 年前的幼儿园学生；她对所有幼儿一视同仁、关心爱护；对于最早的若干批幼儿们，到现在她都能记住每个人的生日，即使几十年来幼儿园发展到成百上千，她也能记住每个孩子的姓名和出生年份。

这样的好老师，给幼儿们一生的成长，带来何等的言传身教呀！

傅恺芬老师

大概是时代的影响吧，那时的多数老师对学生要求非常严格，个别老师则近乎苛刻。所以每当星期一来临，总有小朋友们不愿意回幼儿园，哭哭啼啼地被父母送上机关的大轿车，大概想到那些面无表情的老师就害怕吧。

当年在幼儿园里，我属于最不突出的。在班上年龄偏幼，个头最小，班级活动躲在后头，不愿出头露面；加之刚从四川到北京不久，普通话说得不好，所以尽量少开口。按照现代教育学的见解，这显然不是健全性格的起点。

可是在这关键的启蒙时代，我碰上了一位老师，她对小朋友们非常和蔼、非常亲切；她对幼儿的教育永远是正面的启发和鼓励。她就是傅恺芬老师。那时候傅老师大概还不到 30 岁。在第一次上课时给我留下的第一印象就是和蔼可亲。她上课总是面带笑容，正面启发，正面鼓励。幼儿们年龄小，有时候难免闯祸，有的老师加以严词责备，可傅老师总是温和地讲道理。尽管大家不怕傅老师，但总是最听她的话，背后也不说她的坏话。由此可见，即使在孩子面前，威信也不是靠严厉来建立的。

傅老师上课的时候，有她特殊的风格。依稀记得在教算术的时候，她总是先出一道题，鼓励小朋友自己思考和回答。答不出来了的时候再给更多的启发，并且借助手势来启发，借助表情来鼓励。我自幼算术比较好，上幼儿园大班时加减法已经不成问题。遇到傅老师出的题，我不时在下面悄声作了回答。傅老师马上给予肯定，并且鼓励我大声回答。这样的情况多几次后，我就敢主动举手回答了，也就得到了更多的表扬。这样的学习方式激发了我对算术的很大兴趣。周末回到家里，一方面得意扬扬地向父母汇报，一方面又在家里学习更多的算术。特别是当时已经上小学五年级的姐姐开始零星地教了我几句乘法口诀。回到幼儿园，我又急于表现。如此循环，妙趣横生。现在还模糊地记得一次，傅老师问有没有小朋友会一点乘法，并且把视线移向了我。我当然在她鼓励的目光下急于表现。好像她提的问题是三乘以八等于多少。我姐姐已经从"不管三七二十一"的习语开始教过我了。所以我立即举手回答三乘以八等于二十四。于是我也得到了更多的鼓励。傅老师的鼓励，与我成年后得到一些国内外各种奖励相比，可以说是非常微不足道，可她的鼓励对我的性格发展和信心建立起了巨大的推动作用！我的体会是幼儿教育中优势积累很重要，童年打好基础和确立信心的领域，往往变成一辈子的强项！

还记得一次，不知道有什么要人（领导或者记者之类，现已不可考）来访，于是包括我在内的若干小朋友被召到什么地方去接受访问或者是调查研究，具体内容早已经忘记了，只记得回到幼儿园的时候碰见傅老师，傅老师问带队老师活动怎么样，并且提到李斧的算术特别好，问他算题没有。带队老师似乎没有什么特别的反应，但是傅老师这几句话，对于我无疑是鼓励，至今依稀历历在目。而傅老师当年这种一而再、再而三的鼓励，对我后来一直数理化很好，以至于从事学术和工程专业，都有无形的促进作用。

傅老师的另外一个特点就是活泼开朗，能歌善舞。当时幼儿园小朋友每年都要参加机关员工们的文艺演出，傅老师不仅自己参加表演，而且为幼儿表演排练。记得当时我们的大班表演节目是舞蹈"毛主席的战士最听党的话"，文艺细胞最少的我也"应征入伍"，被傅老师选中。经过多次排练，我们终于穿着军服似的童装，手持玩具木枪，登上了机关大礼堂的舞台。演出细节我能记住得不多了。第一次化妆，每个小朋友脸上都涂得很红，但在舞台的强烈灯光下，脸色还是发白。我明白了舞台演出为什么要化妆。另据当时坐在观众席上的父母回忆，演出中身旁的小朋友出错，我立马加以干预。这段经历一直是美好的回忆，这与傅老师的排练和指导绝对有关。要不是她耐心宽容诲人不倦，换成别的厉害老师的话，要么我根本不会被选上，要么我也被中途淘汰。即使我能坚持到最后，也一定是一段痛苦的经历。一位好老师永远是一段美好的回忆。遗憾的是这段经历没有增加我的文艺细胞，至今依然全无，唱歌必然走调，跳舞绝不合拍。所以在这方面只好对不住傅老师当年的苦心了。

由于当时年龄太小，距今年代太久远，尤其是后来经过"文革"和各种变迁，我也随父母搬迁多个省市，最后又负笈并执教海外，没有多少机会和幼时朋友们相聚叙旧。很多印象虽然美好，但是毕竟非常淡漠了，以至于在很长时间都不能准确地回忆起傅老师的姓名和音容了。2004年12月，机关幼儿园历届"毕业生"和老师们几十年后在北京聚会，我最大的心愿之一就是找到这位老师。聚会开始，主持人首先介绍一位位仍然健在的老师。由于聚会人太多，我又坐得远，觉得被介绍的每一位老师都似乎很像，但又都不是。直到后来由于当年同班同学暗中怂恿，主持人把我点到台上代表班级发言。发言后我走下台来，一位老师向我走过来，我一眼就认出这就是那位最为和蔼可亲的傅老师，心情激动不已。傅老师对我说，李斧你在哪里？我找了你好多年。你的样子还没有变……老师的话让我受到心灵的震动：老师虽然一直是我最美好温暖的回忆，但是我对她的记忆毕竟模糊了，甚至淡漠了；可是教了成百上千幼儿学生的傅老师，心里还挂念着我们每一个孩子，这就是母亲般的情怀！幼儿园里我们唱过"好阿姨、好阿姨，阿姨像妈妈"，可是往往在几十年后，有过世态炎凉人情淡漠的经历，我们才能理解我们自己那童年的歌声。

回首往事，我不得不感叹幼儿园老师们的伟大。她们对孩子们的那孜孜不倦的辛勤教育，可能由于时光流逝不能再被当年的孩子们回忆得起来，甚至于她们的姓名音容也可能被忘却，可是他们（更多是她们）却真实地永远地影响着孩子们的一生。苏喆园长和傅恺芬老师就是这样的好老师，虽然我想不起与她们直接相关更多的美好往事，但却永远享受着温暖的回忆；也可能遥远的回忆已经不确切，甚至我可能把别人的故事都记在她们身上了。但这不正是爱的感化和教育！在那阶级斗争为纲的年代里，这种无形传播着的博爱精神是多么难能可贵呀！

幼儿园教育也许应当包括智育和体育，但无疑最重要的是爱的教育。这样人之初的性本善才能延续，有助于社会变得更美好、更和谐！

谆谆教诲未能忘

—— 李普伯伯 37 年前的一封信

———

张宝林

宝林：

信收到。结局如此，殊非始料所及。人生不如意事常八九，这是老话了。现在也只得这样看。教训呢，凡事需要调查研究，否则就要碰壁；这回缺了这一条，以致好心反而办了坏事。调研，调研，其重要性似乎是明白的，行动起来可就忘记了。想想真难受。（当然，你的心情更是可以理解的。不过，也不要把它看成是一个"打击"吧。吃一堑，长一智，这对你我都一样，还是这样从积极的方面来对待才好。）

怎么办呢？有志者事竟成，这又是一句老话。你岳父来谈过：只好靠勇进叔叔了，不过，不能性急。我以为希望很大，一年，两年，三年，总可以解决的。这意思是说，第一，力争早日入党，这是首要之点。第二，继续努力采写，积极投稿。第三，加强蹲点调查，熟悉农村工作。

来北京，很不容易，首先是户口问题。你的同学小朱，是总社推荐来的，户口是总社解决的。也曾经过斗争，总社要分社解决，但北京分社怎么能从张家口进人呢？我不知道这回总社是怎样被打动的。打动总社很不容易，我不反对你向小朱取取经。不过，他的爱人在北京，总社向分社推荐时很强调这一点，办户口时恐怕也比较好说话。所以，我虽然不反对你取经，却不得不给你泼冷水。我相信，你冷静下来想一想，是会同意我的意见的。

寄去《聊斋》，望收，不过可能会比这封信迟到两三天。

握手！问高宁好！

李普 十一，十三

这封信是 1975 年李普伯伯写给我的。信里说的那件事，是我曾经为去新华社安徽分社工作努力奋斗了一两年，但还是以失败告终。

"文革"中，我从人大新闻系毕业，在安徽的一个县城工作。我是学新闻的，在县里搞报道，总觉得天地太小，没有用武之地，所以就想跳槽。我的岳父岳母都是"老新闻"，在新闻界朋友不少，我就托他们帮我介绍一些关系。他们先后介绍了新华社安徽分社社长陈勇进、安徽日报社的编委汤天真，后来又让新华社北京分社社长李普帮忙。

最初，我并没有敢想到新华社，那似乎是一个高不可攀的地方。我只想调到省电台或安徽日报社，这里有我们在农场锻炼后分来的同学，我常到这两个单位送稿，他们对我的水平是认可的。那年头，新闻单位比较喜欢登基层的东西，而基层的稿件一般靠地县级的报道干事采写。名牌大学的新闻系毕业生，写这样的稿子当然是小菜一碟。稿子写完，一般都是邮寄，但比较重要的稿件，也会亲自送到省城，让熟悉的编辑看看，如果他们有修改意见，就在宾馆修改完再送上。当然，到省城跑一趟，也有打打牙祭，会会朋友的小心思。

但报社和电台我都没去成，原因是县里根本不放。我后来才知道，

李普给作者的信

县里有人说我不安心本职工作，和当地群众不能打成一片，绝对不能放我走。

有一次，机会来了。新华分社要办通讯员学习班，从基层选一些苗子予以培养，将来留在分社工作。这消息是岳父告诉我的。我就利用一次送稿的机会去找陈勇进叔叔。他热情地接待了我，让我写一份简历，并准备几篇已发表过的稿子。这些事，我很快办好了。但办学习班的事后来不知为什么"黄"了。过了一段时间，新华社又要直接从下面调人，因为实在是青黄不接了。我又去求陈叔叔，他要我等消息。好长一段时间没有动静，我有些着急，又去了省城。这回陈叔叔不在，出差去了外地。我误打误撞，进了另一位负责人的办公室，他问我什么事，我如实说了，并说希望给我这个机会，我一定不给陈叔叔丢脸。

谁知事情被我搞砸了。这位负责人和陈叔叔在"文革"中有过节。我无意中充当了人家的子弹。

知道这个结果以后，我非常沮丧，给岳父写了封信，说了一些气话。后来，听说我的同学朱述新从河北张家口调到北京分社工作了，就给李普伯伯写了一封信，不知天高地厚地提出了调京的要求。我以为他是北京分社社长，既然朱述新能进京，我也许也有希望。

顺便说一句，朱述新改革开放后，当过新华社北京分社社长，北京出版集团、北京日报报业集团党委书记，去年（注：指 2011 年）8 月因病去世。

李普叔叔的信，就是在这样的背景下写的。

信的前两段，先说我误闯那位负责人办公室的事，委婉地批评我缺乏调查研究，在不适当的地点说了不适当的话。后面是开导我不要灰心，要着眼长远，持之以恒，事情总是有希望的。他说的"只好靠勇进叔叔了"，我记不得具体指什么，应该是进安徽分社以后还有机会。他还对我提出三点要求，争取入党、多采写好稿件、熟悉农村工作。这些，都是调动工作的必要条件，而我除了文笔不错，其他条件或者还不具备，或者很不突出，人家为什么非要我不可呢？

特别让我感动的是，李伯伯完全不是居高临下，用教训的口气说话，而是像朋友一样，将心比心，循循善诱。他说："不要把它看成一个'打击'吧。吃一堑，长一智，这对你我都一样。还是这样从积极的方面来对待才好。"这就一下子拉近了我们两辈人之间的距离，让我感到十分温暖。

最后一段，是说调京的事。李伯伯帮我分析了调京的可能性，他认为很难，没有户口，不是两地分居，即使你具备了一切条件，要想进京，这两条也"必居其一"。他说"不得不给你泼冷水"，其实是最老实的忠告，因为进京是根本不可能的奢望，是难于上青天的梦想，不说这样的狠话，让我继续抱有幻想，是对我最大的不负责任。"我相信，你冷静下来想一想，是会同意我的意见的。"收到信的时候，我已经冷静下来，我当然同意李伯伯的意见，并且非常感谢他的鼓励、期望和忠告。

他还给我寄了新出版的《聊斋》，那是那个年代非常稀缺的精神食粮。他用这样的方式，叫我积累知识，创造条件，以便在时机成熟时，争取一个好的前途。

李伯伯的信，在我头脑发热的时候，给了我一瓢冷水；在我怨天尤人的时候，给了我一个审视自己的机会；在我缺乏动力的时候，给了我很大的精神鼓舞。我以后考取中国社科院第一届新闻研究生，后来分配到人民日报社，又先后出任一家行业报、一家综合类报纸的领导工作，都与此信有关。

我在新闻岗位工作期间，曾多次向李伯伯请益，他那时已是新华社副社长，给了我许多具体帮助。作为一个著名的"两头真"老人，他晚年写的许多反思文章，我几乎篇篇拜读，受益匪浅。

2010 年 11 月，李伯伯以 92 岁高龄去世。我想起他给我的这封信，想写一篇文章，但信一时没有找到，迟迟没有动笔，就先把九年前发表过的一篇旧文《李普，一个思想着的好老头》贴到我的博客，表达我的哀思。

前些时候，我在亢美的博客上看到她写的博文《照相》，给她留言：最近整理杂物，发现了李伯伯1975 年给我的一封毛笔信，书法很漂亮，内容是关于我在安徽调动工作的事，我要写一篇文章。她回复：期待你的文章。其实最初知道你还是因为我父亲的那句话："张宝林是个很有才气的孩子。"

今天，我完成了这篇文章，希望亢美早点看到。我还希望真的有在天之灵，那样，亲爱的李伯伯也会回忆起他可能早已忘记的一封信，一封 30 多年前写给一个晚辈的信，看到他自己壮年时那潇洒的书法，看到这篇他很喜欢的孩子——"宝林"怀念他的文章。

怀念恩师马季先生

———

姜 昆

马季老师离开我们整整六年了！

这六年，经常遇到人向我提问：马季老师还在吗？

我说，他已经走了好几年了！

他们说，我知道，只是昨天看了他的节目，我怎么觉得他还在呢?!
我说，您的感觉对，马季老师还在，还在每天为我们的生活增添欢
乐呢！

这六年，我敢说，全国的电视台、广播电台，没有没播过马季老师
的相声的。东方不亮西方亮，每天，不是东就是西，不是南就是北，准
有马季老师为生活制造的欢笑在我们广播电视电波的播撒下响起。

"我喜欢相声，但是我不愿意与相声演员为伍"

马季老师为中国老百姓留下了无尽的欢笑，那么，他为我们的曲艺
界留下了什么呢？

马季老师给我们留下了操守。操守，就是品德和气节。中国的文人，不管经历了多少时代的变迁、社会的发展，经历了多少统治阶级的易主，在不尽的荣辱之下，你总能感觉到这些仁人志士身上，始终传承着一种专属于他们自己的风雅、清高和多少有点孤傲的品德。这里，有"他年我若为青帝，报与桃花一处开"的美好与清纯，也有"躲进小楼成一统，管他冬夏与春秋"的自嘲，有"留取丹心照汗青"的大义凛然，也有"不为五斗米折腰"的陋室名言。马季老师的一生有他的时代局限，但他的身上也不乏这样的气质。

马季老师生前曾经说过一句不招曲艺界和相声同仁待见的话。

他说，我喜欢相声，但是我不愿意与相声演员为伍。多伤人呀！但是他说出来了。不但说出来了，而且在他去世以后出版的遗作《守候一生》的扉页上依然"矢志不渝"地，一点不改地，还写上这句话！

他不知道伤人吗？肯定知道，但他知道为什么还是要说呢？我认为，这是他心中最强烈的感觉，是他真实的想法。他不愿意讲讨别人喜欢的假话，他骨子里的气节不允许他违心！我不管他这句话里是针砭时弊，还是恨铁不成钢；是痛大于爱，还是爱大于恨。总之，我听出了他的一种苦楚。他不满意相声队伍里的俗气，不满意相声队伍的文化素质，恨我们这支队伍里的歪风陋习，深恶痛绝这些风气对相声事业的发展形成的障碍。这些风气，今天，我们还有没有？是不是还在侵蚀着我们队伍的肌体？我们不应该扪心自问吗？

马季老师走了，我总在想他的这句话。我仿佛看到他就是庄周心中的那只蝴蝶，怀着对美好的向往，带着"吾丧我"的那份无奈，徘徊于外表美丽而充满排斥与矛盾的花坛与荆棘中。

"在相声艺术最艰难的岁月里，我依然顽强地写了几段相声！"

马季老师给我们留下了忠诚。

我说的这个忠诚，不是泛泛所指的他忠诚于自己献身的事业，忠诚于他钟爱的相声艺术的这种忠诚。

我清楚地记得，在 2006 年中国曲艺牡丹奖的庆典晚会上获得终身艺术成就奖时，他用颤抖的双手紧握麦克风，用发自肺腑的情感，对自己曾经走过的道路说过这样的话："回顾过往，我值得欣慰的是，在相声艺术最艰难的岁月里，我依然顽强地写了几段相声！"这是一段振聋发聩的心声！

了解马季老师和相声发展历史的人都知道，他说的这段话的所指。

"文革"中，马季老师的相声《友谊颂》《高原彩虹》，为老百姓一筹莫展的业余生活送去了几许欢乐。以至于从那个年代过来的人，都还记得"夸哈里尼，夸哈里尼"那个距离他们生活那么遥远的语言！

"过去的岁月中，你们对我不好的地方，我全忘了！我有对不起你们的地方，我道歉，鞠躬，希望你们原谅！"

马季老师给我们留下了曲艺事业最早的团队精神。

马季老师是相声的一代大师，是相声事业里程碑式的人物。

不是是个人就能称得上是里程碑，里程碑太多，太近，就成马路牙子了！

可就是这样一个马季，在中国曲艺家协会，三十多年，他连个理事都没有评上。马季老师没有怨恨，也没有陷于不尽的烦恼中。他选择了躲离，用一种大度，平慰心底中他可能永远不解的疑惑。他和可以说是忘年之交的同仁们一起，创作、排练、演相声专场、拍喜剧电影、到新加坡录像、到马来西亚传播相声。总之，他以一个最早的相声小团队的精神，完成他对相声事业的承诺，在主流视线之外播撒笑声。

《一仆二主》问世了；《五官争功》杀进了春节晚会；中国台湾地区的李国修、马来西亚的姚新光走进了他弟子的行列；电视节目中，义无反顾地打出《马家军》的品牌旗号。他用一个又一个丰收的果实，向人们证明他辛勤劳作之原始初衷。他的团队精神让人们看到了集体创作给相声作品带来的活力与智慧。这种团队精神也让马季老师在人生的道路上，面对困扰得到了升华。

马季老师去世的前两年，在他过70岁生日的庆祝宴会上，请来了几乎所有的朋友和同事。他说："今天我请来的所有朋友们听我一句话，我七十了，过去的岁月中，你们对我不好的地方，我全忘了！我有对不起你们的地方，我道歉，鞠躬，希望你们原谅！古稀之年，全是朋友，咱们重新开始叙写友谊！"全场一片掌声，经久不息。

比起鲁迅对宿敌说的"我一个都不原谅"，马季老师豁达多了！

开政协会的时候，马季老师乐观地说："我得心脏病20年了，每天早上一睁眼，看见了大亮天，看见太阳，我就乐：嘿！我真行，又赚一天！"当时我想：一个人的快乐，不是他拥有的多，而是他计较的少！

马季老师留下的，不值得我们深深地思考吗？

图书在版编目（CIP）数据

师道／刘未鸣，刘剑主编. — 北京：中国
文史出版社，2018.7

（纵横精华. 第一辑）

ISBN 978 – 7 – 5205 – 0360 – 0

Ⅰ. ①师… Ⅱ. ①刘… ②刘… Ⅲ. ①教师—修养
Ⅳ. ①G451.6

中国版本图书馆 CIP 数据核字（2018）第 140201 号

责任编辑：孙　裕

出版发行：**中国文史出版社**

社　　址：北京市西城区太平桥大街 23 号　　邮编：100811

电　　话：010 – 66173572　66168268　66192736（发行部）

传　　真：010 – 66192703

印　　装：北京朝阳印刷厂有限责任公司

经　　销：全国新华书店

开　　本：787×1092　1/16

印　　张：14.25

字　　数：177 千字

版　　次：2018 年 8 月北京第 1 版

印　　次：2018 年 8 月第 1 次印刷

定　　价：46.00 元